Cómo decir no
y otros **hábitos** para ser más productivo

Experta en productividad de Google

LAURA MAE MARTIN

Cómo decir no y otros **hábitos** para ser más productivo

Rutinas para cultivar tu tiempo y bienestar

Título original: *Uptime: A Practical Guide to Personal Productivity and Wellbeing*

UPTIME, © 2024 por Laura Mae Martin
Publicado por acuerdo con Harper Business, un sello de HarperCollins Publishers.

Formación: Alejandra Romero Ibañez
Traducción: Mónica López Fernández
Diseño de portada: Planeta Arte & Diseño / Erik Pérez Carcaño
Fotografía de la autora: © Corrie Huggins

Derechos reservados

© 2025, Editorial Planeta Mexicana, S.A. de C.V.
Bajo el sello editorial PLANETA M.R.
Avenida Presidente Masarik núm. 111,
Piso 2, Polanco V Sección, Miguel Hidalgo
C.P. 11560, Ciudad de México
www.planetadelibros.com.mx

Primera edición en formato epub: marzo de 2025
ISBN: 978-607-39-2578-5

Primera edición impresa en México: marzo de 2025
ISBN: 978-607-39-2469-6

No se permite la reproducción total o parcial de este libro ni su incorporación a un sistema informático, ni su transmisión en cualquier forma o por cualquier medio, sea este electrónico, mecánico, por fotocopia, por grabación u otros métodos, sin el permiso previo y por escrito de los titulares del *copyright*.

Queda expresamente prohibida la utilización o reproducción de este libro o de cualquiera de sus partes con el propósito de entrenar o alimentar sistemas o tecnologías de Inteligencia Artificial (IA).

La infracción de los derechos mencionados puede ser constitutiva de delito contra la propiedad intelectual (Arts. 229 y siguientes de la Ley Federal del Derecho de Autor y Arts. 424 y siguientes del Código Penal Federal).

Si necesita fotocopiar o escanear algún fragmento de esta obra diríjase al CeMPro (Centro Mexicano de Protección y Fomento de los Derechos de Autor, http://www.cempro.org.mx).

Impreso en los talleres de Corporación en Servicios
Integrales de Asesoría Profesional, S.A. de C.V.,
Calle E #6, Parque Industrial Puebla 2000, C.P. 72225, Puebla, Pue.
Impreso en México - *Printed in Mexico*

Para mis Weekly Tippers;
también para Jake, lo mejor que me ha pasado en la vida eres tú ☺

ÍNDICE

INTRODUCCIÓN: Tu tiempo productivo óptimo 11

PARTE I
Qué hacer

CAPÍTULO 1. Las tres prioridades principales 27

CAPÍTULO 2. Cómo decir que no 42

CAPÍTULO 3. El embudo de listas 60

PARTE II
Cuándo hacerlo

CAPÍTULO 4. Conoce tu *flow* 81

CAPÍTULO 5. Calendarización de base cero 89

CAPÍTULO 6. Revisión del tiempo 101

CAPÍTULO 7. Cómo vencer la procrastinación 113

CAPÍTULO 8. Cómo los tiempos de descanso impulsan el tiempo productivo óptimo 126

PARTE III

Dónde hacerlo

CAPÍTULO 9. Ubícate 137

CAPÍTULO 10. Lugares conducentes y no conducentes 148

PARTE IV

Cómo hacerlo bien

CAPÍTULO 11. Límites en equilibrio 159

CAPÍTULO 12. Un plan para planear 175

CAPÍTULO 13. Que las juntas sean «juntificativas» 182

CAPÍTULO 14. Que tus herramientas sean poderosas 198

CAPÍTULO 15. Supera las distracciones 206

CAPÍTULO 16. Domina el correo electrónico: el método de la lavandería 215

PARTE V

CÓMO VIVIR BIEN MIENTRAS HACES TODO

CAPÍTULO 17. Rutinas *cuando:entonces* 237

CAPÍTULO 18. Martes sin tecnología 246

CAPÍTULO 19. Mañanas de atención plena 256

CAPÍTULO 20. Alcanza tu tiempo productivo óptimo 267

Agradecimientos 273

Notas 279

INTRODUCCIÓN

TU TIEMPO PRODUCTIVO ÓPTIMO

El sábado pasado lo dediqué a ver viejos episodios de *Heartland* mientras comía palomitas de maíz; fue un maratón de diez horas que solo fue interrumpido a mediodía por una minisiesta de treinta minutos.

Y ese fue uno de los días más productivos de mi vida. Pero ¿cómo es eso posible?

Según las reglas de la «vieja productividad», trabajar duro, trabajar más y trabajar todo el tiempo son las claves para lograr resultados. Entonces, ¿por qué «perder» un sábado, cuando podría realizar pendientes de mi lista? Con demasiada frecuencia se ha definido la productividad según *qué tanto* cumplimos de nuestra agenda. Pero ¿cómo sabemos que los puntos de nuestra lista son los correctos? ¿Cómo podríamos estar seguros de que el tiempo que le asignamos a lo que elegimos hacer traerá consigo el mejor resultado de acuerdo con nuestros niveles de energía? Si hiciéramos numerosas cosas hoy, ¿mañana estaríamos demasiado exhaustos para tener buenas ideas?

Cuando tu intención es proporcional a tu acción, hay productividad. En el ejemplo anterior, mi esposo tuvo la amabilidad de ofrecer llevar con sus abuelos a nuestros tres hijos todo el día para que yo pudiera descansar. Mi *intención* era relajarme y terminar de ver una de mis series favoritas. Mi *acción* fue disfrutar cómodamente de todo esto desde mi sillón y sin interrupciones. La combinación de ambas logró que tuviera un día productivo.

Productividad es 1) definir claramente qué quieres hacer, 2) asignar el tiempo y lugar (adecuados) para hacerlo y 3) ejecutarlo bien dentro del tiempo asignado. La práctica consistente de estos tres puntos conduce a que encuentres lo que defino como *uptime*, es decir, tu tiempo productivo óptimo.

En el mundo de la informática, el tiempo productivo óptimo es aquel en el que una computadora puede operar y producir. En tu mundo, es cuando estás siendo operacional y productivo, sin importar lo que elijas hacer. El tuyo podría ser un puesto de trabajo, pero también criar a tus hijos, emprender tu negocio, estudiar o ser un artista. Este concepto no solo se refiere a tus horas de productividad máxima, sino también a toda la energía que fluye a través de ti durante tu día más productivo. El tiempo productivo óptimo es cuando te sientes en onda, cuando estás haciendo las cosas, cuando estás eliminando pendientes de tu lista. Asimismo, es cuando estás relajado y presente durante el tiempo que has elegido para desconectarte y desacelerar. Es sentirte genial mientras haces lo que sea tu intención hacer.

Me gusta la idea de considerar el tiempo productivo óptimo como un sinónimo de *flow*, de fluir. Es decir, cuando estableces intenciones y las sigues fácilmente porque creaste un ambiente que te permite prosperar. Es más que hacer las cosas. Es la energía que proviene de la claridad y la atención, la soltura que sientes conforme recorres tu día y tu semana. Es sentirte en tu mejor momento y dar resultados, tanto en el trabajo como en tu vida personal. Significa sentirte productivo y enérgico.

Deshagámonos de la idea de que la productividad es estar ocupado todo el día, o estar constantemente en algo. Mejor remplacemos esa versión obsoleta de productividad con la idea de tiempo productivo óptimo. Adiós al caos, hola a la calma. Adiós al estar ocupado, hola al equilibrio. Adiós a las viejas ideas de productividad, hola a su nuevo estado.

Un tiempo productivo óptimo comienza con una comprensión fundamentada de ti mismo como persona integral. ¿Qué te hace feliz dentro y fuera de tu trabajo? ¿Cuáles son tus ritmos naturales y horas pico de creatividad, atención o eficiencia? ¿Cuándo estás más involucrado en las juntas? ¿Qué te hace sentir imparable cuando respondes correos electrónicos? ¿Cuándo necesitas tomar un descanso, pensar sin interrupciones o profundizar en tus contactos sociales?

El tiempo productivo óptimo adopta una visión holística: qué podemos lograr, cómo lograrlo, qué tan felices somos y cómo contribuye eso a cuestiones como la innovación, la conservación del empleo y el agotamiento. Los años de pandemia nos demostraron que el modelo de «nalgas sentadas de nueve a seis» ya no es el más viable. Ahora necesitamos las herramientas y habilidades para gestionar nuestra carga de trabajo, nuestro tiempo y nuestros propios horarios para ser mejores empleados y personas más felices.

El nuevo modelo se trata de operar a un nivel sostenible. La diferencia entre un día ocupado y uno productivo tiene que ver con energía, atención e impacto. Se trata de aprovechar el tiempo y mantenerse atento. Más que las herramientas, la *intención* detrás de ellas es lo que cuenta.

El tiempo de productividad óptima no sucede por error, sino por decisión. Es cuestión de acomodar tus prioridades cuidadosamente y ser excelente en su ejecución. Para ello, hay una serie de principios que he refinado por más de una década capacitando a ejecutivos y desarrollando cursos para mis colegas en Google.

Es momento de compartirlos contigo.

¿POR QUÉ YO?

Empecé en Google hace casi 14 años, en un puesto de ventas. Como tenía que gestionar más de cincuenta cuentas de clientes, al principio me abrumé con el número de solicitudes que recibía. Debido a esto, organicé mi bandeja de entrada de forma que funcionara como un tablero de flujo de trabajo. Comencé a programar mis llamadas de ventas únicamente de martes a jueves para destinar los lunes a prepararme y los viernes a enviar las notas de remisión. La gente dudaba sobre cómo podía estar al tanto de mi trabajo y además mantener contentos a mis clientes (y a mí). Mis colegas empezaron a preguntarme cómo me organizaba y mantenía estos resultados. ¿Cómo es que yo lograba mis metas sin ser la primera en llegar a la oficina ni la última en irse? Pronto quedó claro que las ventas no eran lo mío, pero gestionar mi tiempo y flujo de trabajo, sí.

Durante los siguientes ocho años desarrollé el programa Productivity@Google y empecé a trabajar con todos los Googlers (empleados de Google), desde los Nooglers (los Googlers recién llegados) hasta los ejecutivos. Desarrollé sesiones de *coaching* en la compañía para enseñarles mis métodos de productividad. Ahora trabajo en la oficina del CEO, donde capacito a los ejecutivos en desarrollar estrategias para lograr más, conservando la calma y los pies en la tierra en el proceso. He usado las herramientas de Google Workspace, desde Gmail hasta Meet, para ayudar a dominar la productividad de pasantes, empleados nuevos, ingenieros de nivel intermedio, la mayoría de nuestros altos ejecutivos y de empleados de todos los niveles en otras compañías. Empecé a publicar un boletín, al cual se ha suscrito la tercera parte de quienes trabajan en Google, y mis talleres han logrado las más altas calificaciones de decenas de miles de profesionales. ¡Y he hecho todo esto mientras formo una familia (con tres hijos menores de 4 años)!

Este libro no es nada más para Googlers. Tampoco es un libro únicamente para ejecutivos o incluso empleados. Es un libro para quien quiera ser el dueño de su tiempo, para quien quiera experimentar la sensación de lograr algo en calma. Es una guía para empleados, estudiantes, padres y emprendedores por igual.

Escribí este libro para compartir contigo todo lo que he aprendido acerca de productividad. Para cuando termines de leerlo, te sentirás más ligero y entusiasmado, y con mayor control sobre lo que tienes que realizar, tanto en tu trabajo como en tu vida personal. Y tal vez lo más importante sea que te sentirás con el permiso de *no* hacer algo cuando sabes que *no* es el momento correcto, para que cuando *sí* lo sea, lo lleves a cabo con excelencia.

Este libro está dividido en cinco partes:

1. ***Qué* hacer:** Cómo elegir tus prioridades y cómo decir «no» a todo lo demás.

2. ***Cuándo* hacerlo:** Cómo aprender a capitalizar tus altas y bajas naturales de productividad.

3. ***Dónde* hacerlo:** Cómo aprovechar los ambientes en los que trabajas, ya sea en modalidad híbrida, siempre desde casa o siempre en el lugar de trabajo.

4. ***Cómo* hacerlo bien:** Cómo ejecutar las tareas que decidiste hacer con absoluta excelencia y eficiencia.

5. **Cómo vivir bien *mientras* haces todo:** Cómo ser feliz, exitoso y completamente consciente mientras consigues todo.

Empezaré por presentarte los principios de productividad, que mencionaré en los capítulos. Muchas de mis enseñanzas se basan en estas ideas y me referiré a ellas a lo largo del libro.

LOS PRINCIPIOS DE PRODUCTIVIDAD

Productividad = visión + ejecución

Desde la Revolución Industrial, cuando se priorizaban los productos por trabajador e indicadores según una línea de ensamblaje, nos hemos enfocado en la productividad como una práctica hacia la eficiencia y los resultados. Sin embargo, ahora sabemos que los individuos más productivos tienen dos importantes atributos: visión y ejecución. Pensemos que un *bucle* es cualquier pendiente que esté flotando en tu cerebro: una idea, algo que necesitas comprar, algo en lo que pensaste, una reflexión, un siguiente paso, algo que le tienes que decir a alguien... Abrir bucles nuevos significa tener *visión*, es decir, ideas que se conjuntan, dejar que las cosas penetren, pensar en cómo dos puntos se relacionan de una manera que no habías considerado (la definición de creatividad), o ideal algo que deberías hacer o una nueva manera de resolver un problema. Cerrar esos bucles corresponde a la *ejecución*; esto es, tachar esos pendientes de tu lista, dar los siguientes pasos, actuar según tu visión. Alguien con buena visión abre muchos bucles. Alguien con buena ejecución los cierra. Una persona productiva hace ambos: tiene la visión y luego la ejecuta.

Abrir un bucle es tener una gran idea en tu día a día acerca de cómo resolver un problema para tu equipo. Cerrarlo consiste en enviar un correo a tu equipo sobre cómo ejecutar tal idea. Te pasas el día en el ciclo de cerrar y abrir bucles. Muchas personas se quedan tan enredadas en cómo cerrarlos que no se dan el tiempo para que los nuevos bucles se les presenten. *Ejecutan,* pero no *visualizan*. Otros tienen montones de grandes ideas, pero nunca las llevan a cabo. Necesitas ambas. Si estás cerrando bucles o tachando pendientes de tu lista, pero no estás generando ideas nuevas, más lluvias de ideas, pensando a largo plazo o ideando soluciones creativas (abrir bucles nuevos), entonces solo estás haciendo la mitad de la ecuación de la productividad.

Cuando les pregunto a los ejecutivos dónde se les ocurren sus mejores ideas (o bucles nuevos), las tres respuestas principales son: *1)* la regadera, *2)* el transporte, *3)* mientras hago algo relajante y sin relación con el tema (como cocinar o sacar a pasear a mi perro). Nuestros cerebros necesitan estos tiempos de reposo para recuperarse y encender nuevas ideas. En contraste, sus respuestas nunca mencionan cuando están enfrascados en una junta o priorizando sus pendientes. Durante esas actividades hay menos espacio para que surjan bucles nuevos.

Tal como cuando estiras una liga debes detenerte antes de dispararla con toda su inercia, el tiempo de descanso *es* tiempo productivo si lo haces estratégicamente.

Entender el ciclo de un bucle nos ayuda a valorar la visión y la ejecución. En su ciclo de vida, un bucle se mueve a través de lo que llamo las 5C de la productividad. Abordaremos cada una de estas etapas en los siguientes capítulos: cómo encontrar momentos de *calma* que *creen* nuevas ideas; cómo y dónde *capturarlas* y, lo más importante, cómo tener un proceso que *consolide* todos esos bucles en un sistema de fácil seguimiento que garantice que termines o *cierres* cada bucle.

Veamos un ejemplo de las 5C de la productividad siguiendo un bucle a lo largo de todo su ciclo:

- ▲ **Calma:** Al terminar de trabajar, te hiciste el tiempo para sacar a pasear a tu perro.
- ▲ **Crear:** Se te ocurre una idea genial para presentársela a uno de tus clientes para su próxima campaña.
- ▲ **Capturar:** Escribes una nota sobre esto en tu teléfono y, más tarde, la transfieres a tu embudo de listas (verás más sobre las listas y este proceso en el capítulo 3).
- ▲ **Consolidar:** Esa noche haces tu lista del siguiente día y agregas en tu agenda que llamarás a tu cliente a las 10:00 a. m. para comentarle esto.
- ▲ **Cerrar:** Hablas con tu cliente e implementas este punto adicional en su campaña.

Así se ve el ciclo constante que, desde las ideas nuevas (visión), te conduce a lo largo de todo el camino hasta asegurar que se realicen (ejecución). Cada capítulo de este libro te mostrará cómo lograr ambas partes de la ecuación de la productividad.

El equilibrio es el nuevo éxito

Cuando los dispositivos móviles llegaron a nuestra vida, nos dieron la idea de que podíamos ahorrar tiempo porque teníamos acceso a todo desde cualquier lugar.

Pero de pronto, como nuestro correo electrónico estaba a un clic de distancia, se sintió más urgente. Mientras tanto, los *chats* y mensajes de texto nos seguían a todos lados y se inmiscuyeron en nuestro momento presente. La ironía es que, al final, los dispositivos nos hacen desperdiciar el tiempo más de lo que nos ayudan a ahorrarlo, a menos que tengamos intenciones claras de cómo los usamos.

Muchos de nosotros tenemos más juntas que nunca. Y juntas acerca de esas juntas. Piensa en cuántas veces le has preguntado a alguien cómo fue su día (o te preguntan acerca del tuyo) y la respuesta incluye comentarios como «horarios apretados», «juntas todo el día» y falta de tiempo para comer o incluso ir al baño. Ese lenguaje pertenece a la productividad obsoleta.

Hemos ido demasiado lejos al glorificar este estilo de trabajo. Hemos establecido que es *cool* estar demasiado ocupado. Confundimos estar ocupado con ser importante. Oírlo de otros nos hace pensar que son personas relevantes, pero esa no es forma de crear un ambiente de trabajo sostenible. Algunos de los más altos ejecutivos tienen agendas de lo más tranquilas y pasan cantidades significativas de tiempo haciendo lluvias de ideas, leyendo noticias sobre su área, creando o simplemente estando solos, pensando. Ellos ven el valor de no tener un tiempo estructurado entre juntas para reagruparse y procesar la información. Saben que ponderar los problemas podría ser la mejor contribución para que las tareas avancen.

Entonces, ¿por qué perpetuamos esta idea de que estar ocupado es una señal de éxito? ¿O que asistir a demasiadas juntas merece una medalla de honor?

En vez de esto, yo argumento que *estar en equilibrio es el nuevo éxito*.

Trata a tu tiempo como una cuenta de banco de energía

Todos sabemos que el tiempo es uno de nuestros recursos más finitos, pero ¿por qué con tanta frecuencia actuamos como si fuera ilimitado? Deberías preguntarte: «Al tomar un proyecto nuevo, ¿a qué le estoy quitando tiempo?», «Si tengo un nuevo subordinado directo, ¿quién o qué tendrá menos de mi tiempo en consecuencia?», «Si se plantean nuevas juntas quincenales, ¿qué estaría haciendo en vez de esto durante ese tiempo?». Si mantenemos esta mentalidad de intercambio podemos establecer prioridades y encontrar un equilibrio sano para nosotros en cada caso. Está bien tener límites. De hecho, es esencial. Y está bien ser quisquilloso acerca de en qué gastas tu tiempo. A pesar de ello, sigue siendo posible construir capital social y ser un buen colega.

Tenemos que considerar el tiempo como una cuenta de banco. Si alguien te pidiera dinero de esta, no responderías: «¡Claro!, esta es mi contraseña, ¡toma todo lo que quieras!». Entonces, ¿por qué hacemos eso con nuestro tiempo? Cuando alguien nos pide tener una junta, ¿cuántos de nosotros hemos respondido: «¡Claro!, toma el tiempo de mi agenda»? Esa es una forma infalible de agotar tu saldo en la cuenta de tu tiempo. Tal como asignas cierta cantidad de dinero para gastar en un presupuesto diario, puedes pensar en tu día como si tuvieras una cierta cantidad de «puntos de energía» que puedes gastar. Tú decides dónde gastarlos, dónde obtenerlos y dónde desperdiciarlos. Algunos asuntos requieren más puntos de tu energía y puedes implementar estrategias para conservarlos o usarlos más sabiamente. Este libro te mostrará varias estrategias para negarte, de manera amable, a cuestiones que parecerían valer la pena, pero que drenan tus recursos de tiempo y energía.

Flujo + atención = tiempo mejor gastado

El término *gestión de tiempo* está en boga; queremos más tiempo, necesitamos tiempo extra, se nos va el tiempo. Pero con demasiada frecuencia, aun cuando encontramos el tiempo... suceden cosas. El martes en la mañana, bloqueas tu agenda de las 9:00 a las 11:00 a. m. para trabajar en un proyecto verdaderamente importante. Enciendes tu computadora, ves un correo nuevo y de pronto son las 9:13 a. m. Abres el documento en el que quieres trabajar y pasas unos cuantos minutos nombrándolo antes de que te llegue un mensaje instantáneo. Son las 9:32 a. m. y regresas a la pantalla, donde notas una pestaña abierta con algo que has querido terminar y en lo que ahora es más fácil trabajar. Pronto dan las 10:05 a. m. y de reojo ves otro correo que parece urgente y decides revisarlo. A las 10:36 a. m. te preguntas: «¿Acaso vale la pena empezar esto cuando sé que solo me quedan veinte minutos antes de mi próxima junta?». De repente, te percatas de que el tiempo fue el menor de tus problemas.

¿Por qué sucede esto? Porque, como si se tratara de los barandales de la escalera hacia la productividad, gestionar tu tiempo es tan solo el primer paso. Pero *en* ese momento los ingredientes esenciales son nuestros flujos de energía y nuestra atención. De igual forma, si nos hiciéramos «el tiempo» durante una parte del día o de la semana donde tenemos baja energía, tampoco sería tan valioso.

No todos los periodos son iguales. Pedirme crear algo nuevo entre las 10:00 y las 10:30 a. m. tendrá un resultado más impresionante que algo en lo que estuve trabajando entre las 4:00 y las 4:30 p. m., a pesar de que ambos fueron periodos de media hora. ¡No es lo mismo! Mis puntos de energía valen más en la mañana que en la tarde.

Invertir puntos de energía en el momento correcto te da un mejor retorno de inversión por ellos, porque te permitieron crear mejores resultados. Que conozcas tus patrones te ayudará a canalizar tu energía para lograr más cuando programes este tiempo.

La atención es igualmente fundamental. ¿Cómo es que iniciamos con muy buenas intenciones, con dos horas de tiempo, pero nos descarrilamos tanto que nunca nos enfocamos en trabajar profundamente? En capítulos posteriores abordaremos estrategias exhaustivas para adelantarnos a las distracciones antes de que sucedan, entrenar a nuestro cerebro a sumergirse en la modalidad fluidez y atención, conocer nuestros errores comunes y crear un ambiente libre de distracciones en el que la norma sea trabajar concentradamente.

No planees para ti, planea para tu yo del futuro

La psicología nos dice que todos tenemos una desconexión entre nuestro yo actual y nuestro yo del futuro. Los resultados de un estudio que se publicó en la revista *Social Psychological and Personality Science* mostraron que «las personas que percibieron una mayor similitud con su yo del futuro experimentaron mayor satisfacción de vida diez años después». Lo mismo sucede con tu yo de un futuro inmediato. ¿Por qué cuando nos probamos ropa en una tienda a veces pensamos «No me encanta, pero tal vez lo use más adelante»? ¿Más adelante no seremos la misma persona que tampoco quiera usarlo? Cuando nos piden con anticipación que programemos una junta el lunes a las 8:00 a. m. el día en que regresamos de dos semanas de vacaciones, pensamos «¡Claro que sí!» y lo apuntamos en nuestras agendas, pero no visualizamos al yo del futuro de las 7:45 a. m. de ese día tratando de acudir a la junta.

Con esto en mente, queremos planear constantemente para nuestros yoes del futuro y no para nuestro yo del presente. Si nos preguntamos «¿Qué querría mi yo del futuro que hubiera hecho ahora?», tendremos agendas más fluidas, prioridades más definidas, resultados más efectivos. Me gusta desafiar a los ejecutivos preguntándoles: «¿Qué es lo que a tu yo del futuro le habría gustado que agendaras o no agendaras después de esa junta de cuatro horas de la próxima semana?»; «¿A cuál deseo de fin de año te habría gustado dedicarle más tiempo?, ¿y a cuál menos tiempo?»; «¿Qué hubiera deseado priorizar más tu yo padre-de-hijos-adultos durante los primeros años de sus hijos?». En este libro presentaremos maneras para aplicar esta mentalidad en cualquier aspecto, desde establecer prioridades hasta contratar y sostener juntas y agendas.

LO QUE AQUÍ RESALTÉ TAL VEZ parezca radicalmente diferente a como sueles hacer las cosas, pero, créeme: no habría escrito este libro si no hubiera visto incontables veces que estos principios, así como los métodos que he desarrollado para trabajar, funcionan y ayudan a los empleados y ejecutivos de todos los niveles a lograr su tiempo productivo óptimo, algo así como el estado zen de la productividad. Sentirás que tienes por completo las riendas de todo lo que tienes que hacer con un enfoque holístico que te permitirá prosperar mientras lo haces. Al final de este libro sabrás exactamente en qué debes enfocarte, cuándo es el mejor momento para llevarlo a cabo, dónde hacerlo según tu agenda, cómo hacerlo excelentemente y cómo vivir bien mientras logras todo esto.

Te prometo que, por cada minuto que inviertas leyendo este libro, obtendrás de retribución *como mínimo* mucho tiempo ahorrado después de implementar las prácticas que te voy a compartir.

Los sencillos pasos que resalto te permitirán capitalizar las ventajas del mundo digital para lograr más mientras llevas una vida feliz y equilibrada.

¡Salud por que logres tu tiempo productivo óptimo!

PARTE I

Qué hacer

CAPÍTULO

1

LAS TRES PRIORIDADES PRINCIPALES

Si te detuviera en la calle y te preguntara «¿Cuáles son tus tres prioridades principales ahora mismo?», ¿qué responderías? Esta es la primerísima pregunta que le hago a quien esté asesorando. Ahora te la hago a ti.

Como mencioné en la introducción, el primer paso hacia la productividad es definir claramente lo que quieres o necesitas hacer. Rara vez hablo de *metas*, porque se sienten como actividades lejanas, a largo plazo, que «ojalá algún día» se materialicen. En vez de eso pienso en *prioridades*, porque indican una intención presente, atención y fluidez.

¿Por qué tres prioridades? Un estudio de 2018 de la Universidad de Ohio confirmó la tradicional y comúnmente compartida regla de tres (la idea de que la gente recuerda los datos cuando estos se agrupan de tres en tres) al demostrar que, cuando aprendemos, nuestro cerebro busca patrones y reagrupa las cosas. Probablemente tengas más de tres responsabilidades o prioridades en diferentes momentos de tu vida, pero discernir cuáles son las tres principales te ayudará a encauzar tu atención. Una de las personas más productivas con las que he trabajado es Robert Kyncl, CEO de Warner Music Group. Él tenía sus tres prioridades claramente definidas y se las comunicaba a todo aquel con quien trabajara. Tenía una lista de tareas relacionadas con cada prioridad y las compartía sin inconvenientes con su jefe de personal, su asistente y el resto de la organización. Estas prioridades se volvían el tema central de su trabajo y sus jornadas, lo cual le ayudaba a enfocarse en las cuestiones correctas y a compartir una visión nítida con su equipo. El acto de definir tales prioridades hacía que todo y todos fluyeran.

Si también te preguntara por tus tres prioridades principales, deberías ser capaz de responder casi en automático, porque es algo en lo que ya deberías haber pensado. Puedes reevaluar estas prioridades máximo cada semana, pero cada mes o cada tres meses sería lo más apropiado. Otras prioridades o actividades que no son las tres principales se acomodarán. Pero si quieres llenar un frasco con piedras, piedritas y arena, primero tienes que poner las más grandes. Tratar de meter las rocas en el frasco cuando ya está lleno de piedritas y arena (las cuestiones menos importantes o de menor prioridad) provocará que el frasco se desborde aun cuando tenga espacio sin usar.

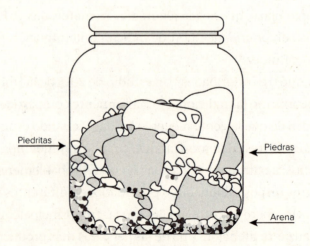

Tal vez te preguntes si me refiero a prioridades personales o de trabajo. Hasta donde sé, eres una sola persona, estés en el trabajo o en casa. Solo hay un pastel de tiempo y un cerebro que lo gestiona todo. Tu éxito y tu plenitud estarán guiados por diferentes prioridades personales y laborales en diferentes momentos. Estas oscilarán según la situación y la etapa de vida en las que te encuentres. Si estás preparando una mudanza con tu familia al otro lado del país, esta deberá volverse una de tus tres prioridades principales, lo cual moverá alguna de tu lista. Si estás emprendiendo un proyecto grande en el trabajo, algo ajeno a este tomará un lugar secundario por un tiempo. Es importante restringir tus prioridades principales a tres porque así recordarás mejor si tienes que mover algo de lugar para darle más importancia a otra cuestión; siempre habrá un intercambio.

Así como deberías poder hablar sobre estas tres prioridades principales en una conversación, también sería bueno preguntar sobre las de los demás. Cada vez que estoy trabajando con alguien nuevo o asesorando a un nuevo líder, pregunto: «¿Cuáles son tus tres prioridades principales ahora mismo?». Basta preguntar por ellas para que te sea más fácil construir relaciones productivas y colaborativas, pues te dan una muestra de qué hay tras bambalinas y en qué está realmente enfocada la persona. La respuesta a esta simple pregunta te puede ayudar a entender las decisiones de alguien y cómo está invirtiendo su tiempo. En un momento particularmente abrumador de mi vida, mi esposo utilizó mis propias tácticas conmigo y me cuestionó: «¿Cuáles son tus tres prioridades principales ahora mismo?». En cuanto empecé a enlistarlas me di cuenta de que tenía seis. ¡Con razón estaba tan abrumada! Tan solo con responder a esa pregunta, entendí que estaba tratando de enfocarme en demasiadas metas al mismo tiempo. Necesitaba hacer a un lado algunas, delegarlas o postergarlas para más adelante. ¡Y eso hice!

PRIORIDADES ←→ TAREAS

Un ejecutivo con el que estuve trabajando definió sus tres prioridades principales para un trimestre como:

1. Completar una gran reorganización de su equipo.
2. Pasar más tiempo con sus hijos pequeños.
3. Definir la visión del próximo año para la empresa que estaba liderando.

Al leer estas prioridades generales, tal vez consideres que se ven y se sienten vagas. El primer paso es definir, pero también tienes que averiguar cómo implementar estas prioridades. Las tareas de alto impacto son las acciones tangibles que se alinean con ellas. Pregúntate qué tareas de alto impacto están involucradas en el logro de las tuyas. Más específicamente: «¿Cómo aparecen estas tareas en mi calendario?, ¿cómo podré reconocerlas?». El proceso de trabajar con *tareas* específicas relacionadas con tus prioridades te ayuda a reconocer cómo las reuniones, los correos, el ejercicio físico, los pendientes, las cargas de trabajo, los eventos escolares y otras cuestiones que requieren tiempo directamente se relacionan con tus prioridades cuando aparecen en tu escritorio.

Para cada una de tus prioridades, escribe dos o tres tareas de alto impacto que la apoyan (las tareas deben comenzar con un verbo):

1. **Reorganizar a mi equipo.**
   - ▲ Reunirme con mi representante de RRHH para hablar sobre nuevas opciones de organigrama y crear nuevos puestos.

- Agendar juntas con personal de diferentes niveles para entender sus papeles y responsabilidades.
- Llevar a cabo entrevistas para puestos de creación reciente y vacantes.

2. **Pasar más tiempo con mis hijos.**
   - Salir del trabajo a las 5:00 p. m. tres o cuatro veces por semana para llegar a cenar con la familia.
   - Trabajar desde casa los viernes para llevar a los niños a la escuela.
   - Asistir a tres eventos escolares durante horas de trabajo en este trimestre (por ejemplo, conciertos o conferencias).

3. **Definir la visión de mi equipo para el próximo año.**
   - Priorizar «tiempo para pensar», ya sea desconectado, sin reuniones agendadas, en caminatas, lluvias de ideas, etcétera.
   - Organizar un día fuera de la oficina con mis subordinados directos para escuchar su retroalimentación.

Es imprescindible que definas las tareas de alto impacto que apoyan tus prioridades principales. Esto no solo te ayuda a saber en qué deberías enfocarte, sino también en qué deberías invertir tu tiempo y tus puntos de energía para concentrarte en tales prioridades. Asimismo, te brinda una gran oportunidad para hablar de estas con las personas clave en tu trabajo y en tu vida (gerentes, compañeros de equipo, socios, pareja y demás). También te brinda la oportunidad para confirmar tus prioridades o ajustarlas de acuerdo con las de ellos, así como con las metas y responsabilidades compartidas. Si estás trabajando con un colega en un proyecto relevante que entra en tus tres prioridades del trimestre, pero no en las suyas, es importante que lo sepas de antemano. Tal vez tengas que hacer uso de otros recursos o buscar ayuda extra si para tu colega hay otras tres grandes cuestiones antes que este proyecto. Tomarte el tiempo para definir tus prioridades y recibir retroalimentación sobre ellas fomenta que las conversaciones posteriores en torno a «¿En qué has estado ocupando tu tiempo?» sean más navegables.

En vez de decirme tus prioridades, muéstrame tu agenda.

¿CÓMO LLEVAS TU SEGUIMIENTO?

Después de preguntarle a un ejecutivo al que estoy asesorando cuáles eran sus tres prioridades principales, le mostré su agenda impresa de las últimas tres semanas. Le presté un resaltador de textos y le pedí que rodeara cada junta, tarea o trabajo individual que se relacionara con esas tres prioridades. Rápidamente comenzó a evidenciarse si ocupaba su tiempo de acuerdo con sus prioridades o no. Esta actividad es una excelente manera de saberlo con tan solo ver qué tan resaltado está tu calendario. Ahora que has definido qué es relevante, ¿estás invirtiendo la mayor parte de tu tiempo en esto? Tu tiempo es tu moneda de mayor valor, así que estás priorizando aquello en lo que lo ocupas más. Tu agenda te delata, comprueba con hechos si realmente estás usando tu tiempo en lo que importa.

¿Y qué hay de esas cuestiones que no entran en tus tres prioridades principales (las piedritas y la arena que aún necesitan un espacio en tu frasco)? Claro que estarás trabajando en más de tres cosas en ciertos momentos. En lo que muchas personas se equivocan es en dejar que esas cuestiones tomen la mayor parte de su tiempo y llenen todo el espacio del frasco antes de que sean capaces de meter las piedras grandes. Una multitud de proyectos paralelos comienzan a inmiscuirse, se acumulan y, en última instancia, devoran grandes cantidades de tiempo. Por ejemplo, quieres reorganizar a tu equipo, pero estás ocupando tu tiempo en una reunión de varios días afuera de la oficina para un comité paralelo. Quieres pasar más tiempo con tus hijos, pero terminas ocupándote de favores o tareas que no tienen que ver con tu trabajo, y que evitan que puedas salir de la oficina a tiempo. ¿Acaso esto te resulta familiar?

Cuando se trata de esclarecer prioridades, resulta útil pensar en tu yo del futuro, la versión de ti que existirá semanas o meses o años a partir de ahora, cuando las acciones de hoy pertenezcan al pasado. ¿De qué actividades tu yo del futuro se alegrará porque hayas ocupado tu tiempo en ellas? ¿Qué cuestiones a las que te hayas rehusado para enfocarte en lo correcto le alegrarán a tu yo del futuro? Si haces algún tipo de revisión trimestral o anual en tu trabajo, una buena idea es escribir el borrador *al inicio* del trimestre, con la finalidad de asegurarte de que le estés dando el seguimiento adecuado.

Uno de los líderes más estupendos con los que he trabajado tendía a realizar una revisión anual *pre postmortem*. Esta la hacía al inicio del año, con diapositivas y una presentación completa acerca de cómo llegamos a nuestros objetivos de ventas, dónde cometimos errores y en qué perdimos tiempo; en qué mostramos excelencia y por qué, y en qué hubiéramos podido mejorar. Aunque fuera una especulación, nos colocaba exactamente en ese lugar un año después en el que los futuros nosotros se encontrarían. Incluso visualizábamos cómo nos sentiríamos si atinara en sus predicciones (y cómo si no fuera así). Esta estrategia preparaba el terreno para un año exitoso y obligaba al equipo a pensar con aquella mentalidad de los futuros yoes al final del año, incluso antes de que sucediera.

CUANDO LO URGENTE ATACA... DE NUEVO

«Hola, estoy de vacaciones. Si esto es urgente, llama al 911. Chad».

Tal vez el mensaje de no disponibilidad de Chad sea un tanto sarcástico, pero creo que todos entendemos a qué se refiere. Lo que la gente define como «urgente» con frecuencia tiende a surgir como «emergencias» que eclipsan por completo lo que habían planeado.

Cuando trabajo con las personas en establecer sus prioridades, por lo general dicen: «Bien, esto es maravilloso y ya establecí mis prioridades, también asigné un tiempo para ellas, pero ¡siempre surgen cuestiones urgentes!». Dependiendo de tu puesto, ciertamente es posible que surjan imprevistos que requieran tu atención inmediata, lo cual dificulta que mantengas un espacio en tu agenda para las prioridades. Pero el mejor momento para lidiar con las cuestiones urgentes es *antes* de que sucedan. Tal vez esto parezca imposible, pero solo se sentirá así si en tu agenda no has asignado tiempos para lo urgente y lo imprevisto. A continuación, te presento algunas estrategias para lidiar con lo urgente antes de tiempo:

1. **Establece un bloque de tiempo diario para urgencias**

    Thomas Kurian, CEO de Google Cloud, asigna una hora diaria para cuestiones urgentes. Él resalta esto en su guía *Cómo trabajar conmigo* (ahondaremos sobre esto más adelante) y asigna este tiempo diario a la misma hora. De tal forma que, si surgen cuestiones urgentes, siempre hay tiempo para incluirlas sin que afecte el resto de la agenda. También su equipo sabe que este tiempo asignado es el mismo cada día, por lo que, si alguien tiene que hablar urgentemente con él, puede planear su agenda de acuerdo con esto. Si no hay nada urgente, el tiempo es oportuno para trabajar o para revisar correos. Sucede algo similar al horario de oficina de algunos profesores universitarios. Están disponibles siempre a la misma hora, pero si nadie acude a hablar, la aprovechan como tiempo de trabajo.

Otra ejecutiva de Google tiene un enfoque similar, pero con un giro: diario asigna tiempo libre *sin* avisarle a su equipo la hora específica. De tal manera que, si algo surge, ella aún puede abrir un espacio para atenderlo si es necesario, pero si no hay nada urgente, entonces lo deja como tiempo libre para discretamente adelantar sus pendientes.

En ambos ejemplos, los ejecutivos han encontrado estrategias para delimitar cuestiones urgentes o imprevistas en momentos específicos de su agenda, para que el resto de su tiempo no se vea afectado.

2. Urgente vs. importante

Una de mis formas favoritas para lidiar con cuestiones urgentes es establecer un lenguaje concreto al respecto. *Urgente* puede ser sinónimo de muchas cosas: crítico, oportuno, importante, de alto perfil, y la lista sigue. Pero no todas las urgencias son las mismas. Entonces, ¿cómo se pueden clasificar las cuestiones urgentes cuando surgen?

La mejor clasificación que he visto se describe en el «método Eisenhower», basado en el comentario que en 1954 hizo el presidente Dwight D. Eisenhower cuando declaró: «Tengo dos tipos de problemas: los urgentes y los importantes. Los urgentes no son importantes y los importantes nunca son urgentes». Si bien sabemos que algunas veces pueden ser ambos, no se equivoca en el sentido de que hay que saber identificarlos. El método que surgió de este comentario define lo urgente y lo importante como sigue:

Urgente: actividades que exigen tu atención inmediata, generalmente asociadas con lograr las metas de alguien más.

Importante: actividades cuyos resultados nos llevan a enfocarnos en nuestras prioridades.

URGENTE VS. IMPORTANTE

	URGENTE	NO URGENTE
IMPORTANTE	**1. HAZLO YA** Siéntete bien de reajustar tu agenda por completo.	**2. DÉJALO PARA MÁS TARDE** Asigna un momento adecuado para hacerlo, luego continúa con tu agenda normal.
NO IMPORTANTE	**3. DELÉGALO CUANTO ANTES** Asigna un temporizador para lidiar con ello por un lapso mínimo, delega a otros.	**4. SOLO DI QUE NO** Siéntete bien de no invertir tu tiempo en esto o delégalo a otros.

A diferencia del comentario de Eisenhower, la tabla anterior permite actividades que son al mismo tiempo urgentes e importantes. Si un punto es urgente e importante (cuadrante 1), debes sentirte cómodo de lidiar con ello. Vale la pena reagendar algunas juntas o tiempos de trabajo porque es algo que se tiene que resolver en un lapso determinado que, además, está alineado con tus prioridades. Si surge algo importante, pero que no requiere tu atención inmediata (cuadrante 2), decide cuándo lo harás y continúa con lo tuyo. Si se presenta algo urgente, pero no importante (cuadrante 3), te será útil encontrar formas de lidiar con ello que requieran otros recursos además de tu tiempo. «Entiendo que no tienes acceso a tu cuenta y que necesitas entrar para trabajar. Tenemos un maravilloso equipo de soporte técnico que te puede ayudar. ¡Este es el número de teléfono!». Las cuestiones que no son ni urgentes ni importantes (cuadrante 4) deben ser con las que te sientes cómodo de no invertir tiempo en ellas. El hecho de que tus prioridades principales estén bien definidas reduce la tentación de ocuparte con cuestiones de los cuadrantes 3 y 4.

Esto puede ser útil sobre todo cuando estás trabajando en equipo y necesitan alinearse acerca de cómo lidiar con cuestiones urgentes cuando surjan. Ubica los problemas que se presenten en un cuadrante y decide con tu grupo cómo hacerles frente. Tal como nombrar tus sentimientos en un momento acalorado puede ayudarte a identificar un sentimiento, al contrario de solo sentirte abrumado, ubicar problemas o crisis inesperados en esta tabla te puede ayudar a decidir exactamente cómo abordarlos de una manera que se alinee con tus prioridades.

3. Arregla el sistema

¿Urgente una vez? Hazte cargo.
¿Urgente 17 veces...? Algo está mal
en el sistema.

¿Qué pasa cuando experimentas con frecuencia situaciones que se ubican dentro del primer cuadrante? Por lo regular, eso significa que algo en el sistema está descompuesto. Si día con día se presenta una urgencia que no estaba planeada o que no se pensó con anticipación, se genera una situación extenuante. Tal vez sea momento de preguntarte: «¿Por qué sigue pasando esto? ¿Qué sistemas puedo implementar para evitarlo? Si hay simulacros de incendios constantes, ¿cómo se pueden prevenir y qué cambios necesitamos hacer para que el flujo de trabajo, la comunicación y los procesos corten estas situaciones de tajo?». La respuesta podría ser asignar a un equipo o una persona que lidie solo con estas cuestiones urgentes. Tal vez se requiera ahondar en lo que ha pasado durante los últimos diez simulacros de incendios, con el fin de descubrir qué los ocasionó y qué se pudo haber hecho para prevenirlos.

4. Haz de «lidiar con lo urgente» una de las tres prioridades principales

Aun con todo lo que se ha dicho y hecho, a veces las cuestiones urgentes forman parte de lo que hay que hacer. Especialmente con ciertos tipos de profesiones, como los reporteros, quienes tienen fechas de entrega, o los doctores a cargo de la sala de urgencias; simplemente no pueden anticipar el trabajo. Saber que estas situaciones surgirán continuamente y que tendrás que hacerte un espacio para cuando sucedan resulta poderoso, pues te permite tomar las riendas de tu agenda. Esto es diferente de tener un bloque de urgencias diario, porque si tienes un puesto en el que constantemente se presentan asuntos urgentes, no siempre cabrán en el tiempo que les hayas asignado en una agenda sin contratiempos. Tienes que ser más flexible para lidiar con las cuestiones urgentes conforme aparecen. Si ya asignaste un tiempo determinado porque sabes que ciertas crisis sucederán, el polvo simplemente se asentará más rápido una vez que suceden, porque hiciste un espacio para ellas tanto en tu mente como en tu agenda. Para asegurar que tienes tiempo para lo inesperado, agrega «urgencias» como una de tus tres prioridades principales. Esto podría manifestarse como «Me encantaría liderar una capacitación para tu equipo, pero dada la naturaleza de mi trabajo, dejo un tiempo en mi agenda todos los días para urgencias, así que no puedo comprometerme a dar una conferencia». De este modo, abres un espacio para lo urgente con anticipación, lo cual es adecuado si tiene sentido para el puesto que ocupas. Los doctores de salas de urgencias *no* tienen pacientes programados durante todo el día; más bien, la mayoría de los pacientes que llegan a urgencias son atendidos porque su horario está completamente libre.

Ahora que definiste tus prioridades y planeaste lo urgente con anticipación, lo que sigue es vivirlo en carne propia. Tus prioridades serán los lentes con que mirarás toda oportunidad. Escribe tus tres prioridades en una nota adhesiva y colócala en un lugar visible de tu escritorio, como un recordatorio. Cada vez que recibas un correo donde te encarguen un asunto nuevo, pregúntate si entra en una de las prioridades de tu lista. Si no es así, ¿realmente tiene sentido hacerlo? Si surge algo que no es parte de tu lista, pero sientes que aun así es importante, entonces puedes aceptarlo con intención y confianza, a sabiendas de que evaluaste su relevancia y requisitos a profundidad y no de manera superficial. Tal vez necesites pensar acerca de cambiar tus otras prioridades si se trata de una iniciativa particularmente demandante. Por ejemplo, si te dan un puesto gerencial nuevo, tendrás que pensar acerca de cómo integrar mentorías, liderazgo y apoyo para tu equipo a la par de tus tareas como un empleado individual. A través de esta perspectiva que resalta el equilibrio puedes enfocarte con agudeza en las cuestiones correctas.

Ahora bien, ya estableciste tus prioridades con claridad. Identificaste las tareas clave y las acciones necesarias para realizarlas. Incluso ya desarrollaste estrategias para lidiar con las cuestiones urgentes y los eventos que podrían inflar tu agenda diariamente. ¡Estás en una excelente posición para llegar a tu tiempo productivo óptimo!

No obstante, aun si lograras esquivar cuestiones urgentes con éxito, pueden surgir imprevistos que demanden un poco de tu tiempo. En el siguiente capítulo hablaremos de cómo decir que no y evitar que esas cuestiones obstaculicen tu productividad.

PRÁCTICAS DE PRODUCTIVIDAD

- ¿Cuáles son tus tres prioridades principales ahora mismo? ¿Cuáles son entre dos y tres tareas o reuniones que te ayudarían a avanzar con esas tres prioridades?

- Imprime tu agenda de las últimas semanas y rodea todo lo que se refiera a esas prioridades. ¿Te sientes cómodo con el porcentaje de tiempo que estás invirtiendo en ellas?

- Asigna un bloque de tiempo para cuestiones urgentes que puedan surgir o haz de ello una de tus tres prioridades principales; utiliza el método de «urgente vs. importante», por ti mismo o con tu equipo, para ubicar en qué cuadrante caen las urgencias cuando se presenten.

CAPÍTULO

2

CÓMO DECIR QUE NO

Ya decidiste en qué te quieres enfocar. Ya identificaste las tareas de alto impacto relacionadas con cada una de esas prioridades y les asignaste un tiempo en tu agenda. Ya involucraste a tu gerente/equipo/pareja/socio para participar en estas prioridades. ¡Estás listo!

La parte difícil es que hagas el espacio en tu agenda para estas prioridades y lo mantengas. Por ejemplo, tal vez hiciste el ejercicio del capítulo 1 de rodear las prioridades en tu agenda y te diste cuenta de que estás invirtiendo menos del 30% de tu tiempo en tus prioridades principales (en un mundo perfecto, debería ser el 70% o más). ¿Cómo reorganizar este desorden? ¿Cómo te aseguras de que tu agenda se cumpla según tus prioridades? ¿Cómo dices que no a eventos futuros que podrían comenzar a desplazar el tiempo que le asignas a tus prioridades?

PRIORIZAR NO ES REORDENAR

Cuando se tiene una lista inmensa de pendientes, la mayoría de la gente piensa que priorizar es acomodar cada elemento o tarea de la lista en un orden específico que le permita hacer todo eso, comenzando con la más relevante y terminando con la de menor importancia. Para lograr tu tiempo productivo óptimo, ahora debes priorizar cómo averiguar qué puedes descartar de esas listas y cómo decir que no a cuestiones que no merecen un lugar en tu lista o agenda. Decir que no a asuntos buenos deja espacio para decir que sí a lo maravilloso (y también a tener tiempo para ello).

> Dile que no a todo, excepto a lo que le digas que sí.

Una de mis técnicas favoritas para descartar puntos de mi lista de pendientes es hacer una descarga mental de todo lo que está flotando en mi cabeza y que creo que podría o debería hacer (descubrirás más acerca de las listas en el siguiente capítulo). Una vez que hago esto, identifico a grandes rasgos un tercio de los puntos de la lista que son de menor prioridad. Esos, por lo general, son los que rondan mi mente y que vengo arrastrando de lista en lista y siguen pendientes. Luego, para cada uno de esos puntos de menor importancia, me pregunto:

1. «¿Qué es lo peor que podría pasar si nunca hago esto?».
2. «¿Hay alguna manera de que esto se haga sin mí?».
3. «¿Hay alguna manera de que yo haga esto a medias y continuar con lo demás?».

Estas preguntas te obligarán a pensar en cómo delegar, cómo agilizar tu trabajo y cómo tomar atajos en donde sea posible. Por ejemplo, después de que mi familia y yo nos mudamos a nuestro nuevo hogar, mi oficina en casa estaba bastante vacía y pensé que una decoración más placentera sería buena idea. Pensé que me brindaría un ambiente más agradable para mis reuniones en videoconferencias. Así pues, «decorar la oficina» surgía cada vez que hacía una lista. Pero no era una prioridad, porque tenía muchos otros pendientes (recuerda que tengo tres hijos menores de 4 años y que me mudé). Así que me hice las preguntas:

«¿Qué es lo peor que podría pasar si nunca hiciera esto?». Probablemente nada. Tenía una habitación bastante simple en la que casi nadie entraba, excepto yo, y simplemente no tendría el fondo más interesante al hacer videoconferencias.

«¿Hay otra manera de que esto se haga sin mí?». Me puse a pensar en que tal vez podía contratar a una decoradora. Comencé a buscar opciones para delegar la tarea de decorar la oficina a un precio razonable.

«¿Hay alguna manera de que yo haga esto a medias y continuar con lo demás?». No había realizado la tarea porque estaba tratando de que la habitación quedara perfectamente bien decorada para su propósito, cuando meter unos libreros y reproducciones de cuadros enmarcados funcionaría igualmente bien. La perfección puede ser el enemigo del progreso. ¿Quién notaría la diferencia? Podría activar un temporizador y usar solo una hora para ordenar los objetos decorativos, luego dos horas de un fin de semana para armar y colgar esas decoraciones. Podría delegar parte de la tarea (armar los libreros y colgar los cuadros) a alguien más que estaría feliz de ayudar, como mi papá, quien, además de ser muy hábil, está jubilado y tiene tiempo de sobra. Tal vez podría realizar con rapidez algunas de esas tareas satisfactoriamente. Y eso bastaría y sería mucho mejor que no tener decoración en absoluto.

Todas estas opciones son formas de descartar puntos de mi lista de prioridades y también de cerrar el bucle y completar la tarea. Incluso decidir no decorar del todo es una opción. Eso quiere decir que tomé una decisión y ese pendiente ya no ronda en mi cabeza ni abruma mis listas (para que lo sepas, decidí hacerlo a medias y continuar con lo demás, y mi oficina se ve genial, ¡gracias a la ayuda de mi papá!).

¿CUÁNTO VALE MI TIEMPO?

Uno de mis exgerentes en Google, Anas Osman, vicepresidente de estrategia y operaciones en Google Cloud, me enseñó muchísimo sobre el valor del tiempo. Su imagen de cuánto valía su tiempo era más clara que el agua. Me di cuenta de que siempre llegaba a sus vuelos con muy poco margen de tiempo y entonces decía: «Si no pierdes el 5% de tus vuelos, ¡estás pasando demasiado tiempo en un aeropuerto!». Él hacía viajes redondos más o menos treinta semanas al año, así que al llegar al aeropuerto «justo a tiempo», y ni un solo minuto antes, estaba ahorrando alrededor de sesenta horas de su tiempo. Ciertamente, perder más o menos tres vuelos al año (el 5% de treinta vuelos redondos) no era tan inconveniente como perder sesenta horas sentado en un aeropuerto. No todos estarían de acuerdo con este enfoque para viajar, pero el sentimiento de fondo, es decir, ser exigente en cómo pasas tu tiempo, es una reflexión importante.

Tal vez el mejor consejo que él me dio fue que siempre debes tener en mente una cantidad en dólares de cuánto vale tu tiempo. La mayoría de las personas asume que significa cuánto dinero ganan por hora de trabajo. Pero él no se refería a eso, sino a cuánto estarías dispuesto a pagar por una hora de tu tiempo en hacer algo que no disfrutas hacer. Si pudieras llegar una hora antes a casa para estar con tu familia, ¿cuánto pagarías para cambiar ese vuelo? ¿Cuánto pagarías para que te mandaran muebles nuevos preensamblados? Si pintar una habitación realmente te tomara un día entero, ¿cuánto estarías dispuesto a pagar para que alguien más lo pinte por ti? Ahora bien, si disfrutas pintar, sería una historia muy diferente e influiría en tu valoración, así que ¡tiene que ser algo que específicamente no querrías hacer!

Regresemos al ejemplo de mi oficina en casa. Supongamos que me tomaría cinco horas ir de compras e instalar los objetos decorativos. Según mi estimación, debería saber cuánto valdría para mí contratar el servicio completo de decoración, si conozco el valor promedio de mi tiempo por hora para invertirlo en algo que realmente no quiero hacer. El monto puede cambiar según tus prioridades de ese momento en el trabajo o en casa, tu situación financiera o la flexibilidad de tu agenda, pero es un monto que deberías ser capaz de estimar sin pensar demasiado.

Una de mis amigas lavaba a mano los biberones y las piezas más pequeñas que utilizaba su bebé al final de cada día y le pregunté por qué no simplemente usaba el lavavajillas. Me respondió que no tendría listos los biberones para preparar los del día siguiente desde la noche anterior y que no tenía suficientes para hacer ambas cosas. Entonces (porque soy *esa* amiga maniática de la productividad), le pregunté cuánto tiempo le llevaba lavar los biberones a mano y secarlos junto con las piezas más pequeñas cada noche. Ella estimó que le tomaba de 15 a veinte minutos. Empecé a hacer mis cálculos y me di cuenta de que ¡estaba invirtiendo más de 120 horas (15 días hábiles de trabajo) al año en lavar biberones! Todo con tal de ahorrarse cincuenta dólares o el costo promedio de un juego nuevo. Ante esta situación, a mi amiga le sería útil saber cuánto vale una hora de su tiempo, multiplicarlo por 120 horas y comparar esa suma con lo que le costaría comprar más biberones. A menos que ella valorara su tiempo en menos de 0.41 dólares por hora, o que disfrutara lavarlos, probablemente le convendría comprar un juego nuevo para todo el año en que los usaría.

Podrías encontrar argumentos multitareas para hacer agradable lavar los biberones, como escuchar un pódcast o realizar alguna otra actividad mientras lo haces, o también podrías argumentar que no quieres el juego extra porque tienes un espacio de almacenamiento limitado. Pero con el fin de tomar esto como ejemplo, es fundamental considerar qué tanto vale la pena invertir tiempo en esta actividad que realizas a diario.

Es esencial pensar en tu tiempo como el recurso más valioso. Y en cuanto surge una tarea sobre la cual no estás seguro de si su valor equivale al de tu tiempo, aquí hay algunas preguntas que te puedes hacer para esclarecerlo:

PREGUNTA	ACCIÓN
¿Me gusta realizar esta tarea?	Si sí, puedo ser un poco más flexible con el valor de mi tiempo.
¿Me tomaría demasiado esfuerzo delegarla?	Si me tomara tres horas encontrar, hablar, explicar el proceso y enseñarle a alguien cómo hacer algo que me tomaría dos horas hacerlo yo solo, no vale la pena delegarlo.
¿Hay algo más que preferiría hacer por mucho en vez de esto?	Si sí, págale a alguien por hacerlo o delega esta actividad a otra persona.

¿Mi tiempo es mucho más valioso para otras cuestiones?	Si te pagan por hora y podrías obtener más dinero invirtiendo tu tiempo en tu trabajo y pagándole a alguien más para hacer la tarea, haz aquello por lo que recibes dinero.
¿Siento que «debo» hacerlo?	Si aunque pudieras pagar o delegarlo a alguien más para que haga esto por ti, completar esta tarea te brinda un sentido de orgullo y participación, continúa haciéndolo.
¿Alguien más podría hacerlo mucho mejor?	Aunque tuvieras el tiempo para realizar la tarea, tal vez valdría la pena delegarla o pagarle a alguien para que el resultado sea el que deseas.
Si alguien me pidiera hacer esto mañana, ¿cuánto tendría que poner de mi propio bolsillo para no hacer *nada* durante ese tiempo?	Decide cuánto vale para ti no hacer la actividad y a partir de esa cantidad decide si deberías delegarla y cuánto pagarías.

¿A QUÉ LE ESTÁS DICIENDO QUE NO?

Decirle sí a algo siempre implica decirle no a algo más.

A muchas personas les estresa decir que no y sienten la necesidad de decir que sí debido a la presión social o al miedo de decepcionar a los demás. En estos casos, es importante recordar que el tiempo es un recurso finito. Asume la perspectiva de que cada vez que dices *sí* también estás diciéndole *no* a algo más (aun si no es explícito). Si tu madre te pide que vayas a cenar cada viernes, tal vez accedas porque te sientes incómodo negándote. Al decir que sí a una cena semanal en casa de tu mamá, tentativamente ya le estás diciendo que no a otras invitaciones que aún no te han extendido (por esa razón es que yo trato de hacer un noviembre sin planes, es decir, no planear nada hasta cada mañana del mes entero para ver cómo cambia mi vida cuando solo hago lo que tengo ganas de hacer *ese día)*. Al decir que sí a una junta semanal, estás diciendo que no al trabajo que podrías hacer durante ese lapso cada semana (lo cual podría estar bien, ¡pero lo ideal es que ya reconozcas conscientemente a qué estás renunciando cada semana a partir de entonces!).

Un *sí* a un nuevo comité es un *no* a dedicarle tiempo a otros proyectos. Un *sí* a una oportunidad para dar mentoría es un *no* al tiempo extra con otras personas de tu equipo. Un *sí* a un compromiso después del trabajo es un *no* a cenar con tu familia. En el caso de la cena, no estás diciendo explícitamente que no (lo más probable es que tus hijos no te pidieran que llegaras a cenar), pero sí te estás negando porque has decidido hacer algo más. Indirectamente, dijiste que no (lo cual está bien si lo que la actividad te retribuye vale la pena). Pero, cada *sí* es un *no* a algo más, sea un *no* directo o indirecto. Al ser consciente de eso otro a lo que podrías estar renunciando, tomarás decisiones conscientes acerca de cómo equilibrar tu tiempo.

REDUCIR TUS RESPONSABILIDADES ACTUALES: EJECUTA Y REPITE

Cuando comencé a asesorar a los ejecutivos de Google, mis sesiones estaban abiertas a cualquiera que tuviera un puesto gerencial o superior. De pronto, llegaron las solicitudes y comencé a dedicar bastante tiempo a esta actividad. Estaba ayudando a mucha gente, pero me sentía agotada. No encontraba mucho tiempo para mis otras dos prioridades: aprendizaje escalable en Google y dar consultorías acerca de las características de Google Workspace. No estaba abriendo muchos bucles. Tomé la difícil decisión de limitar mis asesorías únicamente para los vicepresidentes, lo cual redujo significativamente el número de sesiones (y también hizo infelices a algunas personas).

Sí tenía tiempo para esas sesiones gerenciales en mi agenda, pero no estaba haciendo una buena labor de preparación y seguimiento de cada una. No estaba creando nuevas ideas para compartir, ni recursos que complementaran mis sesiones. Estaba exhausta. Al limitar mi *coaching* a un número menor de ejecutivos, de hecho tuve más espacio para que se me ocurriera un excelente y escalable grupo de *coaching* para directores.

Así fui capaz de brindar mejor información y compartirla con todos ellos. Más aún, mis sesiones con vicepresidentes estaban mucho mejor enfocadas y su impacto fue mayor. Este es un gran ejemplo de cómo, para trabajar mejor, necesitaba tener más tiempo de descanso y no más citas en mi agenda. Al hacer menos, estaba *logrando* más.

Cuando te niegues a un proyecto o compromiso, puedes pensar que es algo temporal. Trata de decirle que no a algo *temporalmente* para ver si es la decisión correcta para reequilibrar tu energía y tu agenda. Utiliza el modelo «ejecuta y repite»:

- ▲ «Durante un mes, trataré de hacer sesiones únicamente con vicepresidentes, veré cómo me siento y luego haré una revisión para ver si sigo así o hago cambios».

- ▲ «Durante una semana, veré cómo es salirme de la oficina justo a las 5:00 p. m., luego veré qué tan estresada me siento esa noche sobre mi trabajo por haberme escabullido».

- ▲ «Durante un trimestre, voy a establecer juntas de equipo quincenales en vez de semanales y veré en qué tanto afecta nuestra velocidad en la toma de decisiones y nuestro vínculo».

El propósito de este enfoque es poner a prueba una posible solución por un tiempo, recibir retroalimentación acerca de qué tan efectiva resultó y repetir según los resultados. Cada intento te brinda información nueva para refinar tu enfoque.

No siempre es posible cambiar tus compromisos radicalmente (por ejemplo, no es lo ideal salirte de un comité al primer año, cuando te uniste a él por un periodo de dos), pero sí puedes marcar este tipo de asuntos para que, una vez que tu periodo termine, tengas la visión de desentenderte de esa prioridad en cuanto te ayude a mantener el equilibrio en tu agenda y tu tiempo.

A veces las personas me dicen: «Bueno, tengo ocho horas de juntas al día ¡y cada una de ellas es importante!». Pero siempre hay formas de empezar a ver tus prioridades como asuntos que son realmente buenos en contraste con asuntos que son maravillosos. Imagina que tu gerente te acaba de decir que vas a tomar un proyecto increíble que requerirá del 25% de tu tiempo. Pregúntate, ¿qué asuntos *positivos* y cuestiones aún importantes estás haciendo ahora que abandonarías para hacerle espacio a aquel *increíble* proyecto? Lo que venga a tu mente suele ser fruta madura a tu alcance, es decir, cuestiones en tu agenda que puedes mover o consolidar.

Si sientes como si todo se ubicara en la categoría de «importante» y no estás seguro de cómo reducir tu carga de trabajo o las tareas en tu calendario, algo más que puede ayudarte es involucrar a tu gerente o al líder de tu equipo. Si estás en cinco grupos de proyectos y crees factible abandonar dos, platica con tu gerente acerca de cuáles son los más importantes. Tal vez descubras que a tu gerente no le interesa el comité que tú crees más relevante, por lo que te sentirás empoderado al saber que tu líder te apoya e incluso te anima a dejar algo con tal de hacer espacio para desempeñarte mejor en otros asuntos.

CINCO FORMAS PARA DECIR QUE NO A NUEVAS PROPUESTAS

Es más difícil desatender las responsabilidades actuales (leerás más acerca de esto en el capítulo 6) que negarte a nuevas solicitudes, lo que, aun así, requiere una estrategia. Para muchos de nosotros, incluyéndome, decir que no es algo que no surge espontáneamente. Tuve que aprender, con el tiempo y bastante ensayo y error, la mejor manera de hacerlo. Quería encontrar el balance entre proteger mi tiempo y mantener el respeto y las relaciones que tenía con los demás. Al decir que no demasiadas veces o de la forma incorrecta, puedes afectar tu capital social. Es un equilibrio delicado. A continuación, presento las cinco tácticas que me han funcionado mejor, así como un ejemplo de cómo se ven con exactitud en la práctica:

1. **Formula más preguntas.** Obtén más detalles, averigua qué más sería útil saber antes de tomar una decisión. Pregunta lo más que puedas.

   ▲ *Entiende el compromiso de dar tiempo.* «¡Hola!, gracias por la invitación para unirme a este nuevo proyecto. ¿Podrían darme más información acerca de aproximadamente cuánto tiempo por semana tendría que comprometerme a dedicarle?».

   ▲ *Fíjate si se alinea con tus tres prioridades principales.* «¡Gracias por la oportunidad de unirme a esta nueva iniciativa intergrupal en la que están trabajando! ¿Podrían compartirme cómo sería un resultado exitoso de este proyecto y qué metas están tratando de lograr?».

   ▲ *Entiende las expectativas y cómo otros priorizan este trabajo.* «Gracias por invitarme a dar una conferencia en su grupo. ¿Podrían decirme cuántas personas estarían invitadas, qué puestos desempeña cada una y dónde o cómo planean promover previamente esta conferencia para incrementar la participación? ¿Tienen ejemplos de conferencias anteriores o de eventos que han organizado y sus índices de asistencia?».

2. **Responde que vas a pensarlo o no respondas de inmediato.** Esta es una de mis tácticas favoritas y se puede utilizar a la par que la opción 1 para formular más

preguntas. A veces caigo en la trampa de los videojuegos: estoy superinmersa en la modalidad de respuestas inmediatas y siento que debo responder deprisa y definitivamente a cada correo, pregunta o solicitud que me llega. Mis primeras reacciones son aceptar con mucho entusiasmo o negarme preventivamente. Ambas pueden ser perjudiciales. Nunca falla que 24 horas después tengo una sensación en las entrañas de lo que debí responder o hacer... y muchas veces es lo opuesto. Una de mis tácticas favoritas es leer un mensaje que llega a mi bandeja de entrada o escuchar una propuesta de alguien y luego soltarlo sin decidir de inmediato qué es lo que voy a hacer al respecto.

- *Gana tiempo.* «Fue maravilloso escuchar acerca de la nueva herramienta en la que estás trabajando y en qué aspectos necesitarías mi ayuda. Voy a pensarlo y te contactaré más tarde para informarte el nivel de compromiso que te puedo ofrecer, si acaso decido involucrarme».

- *Comparte tu proceso de pensamiento.* «¡Hola! Estoy revisando algunas peticiones de conferencias y luego de pensarlo, desafortunadamente, debido a algunas de mis prioridades actuales, no creo tener tiempo para esto. ¡Mis mejores deseos para este evento!».

He aprendido a implementar esta estrategia con mis hijos. Antes, cuando mi hija me pedía permiso para jugar con diamantina, mi reacción automática siempre era responder que no porque... bueno, es diamantina... Pero un domingo lluvioso y no tan ajetreado, cuando tenía tiempo para ayudarle y limpiar después, pensé que podía simplemente decirle que sí. Por el contrario, siempre le decía, sin pensarlo, que sí podía jugar con plastilina, y luego me daba cuenta de que saldríamos de casa dentro de cinco minutos y que era demasiado esfuerzo sacar la plastilina y luego limpiarla. Así que incluso con mis propios hijos he aprendido a decir: «Déjame pensarlo y te digo en un minuto». Para entonces mi reacción inmediata ya pasó y puedo pensar mi decisión con pleno raciocinio.

3. **Imagina dos situaciones: sí y no.** Esta táctica puede resultar extremadamente útil para un proyecto a largo plazo o que requiera compromiso. Cierro los ojos e imagino cómo sucederían las cosas si dijera que sí y si dijera que no. Por ejemplo, digamos que alguien me pide viajar para participar como conferencista en una cumbre de ejecutivos. Me visualizo el día antes, preparándome para el vuelo. ¿Qué estoy pensando? «Ojalá que no me hubiera prestado para esto. ¡Siempre tengo tantas otras cosas que hacer en la última semana del trimestre!». O visualizo una imagen de la lista de conferencistas para la cumbre después de decir que no. ¿Acaso estoy pensando que debí estar en esa lista, y me arrepiento de haber dicho que no? Tal vez me imagino tomando el vuelo de regreso a casa y pienso «¡Vaya, ese sí que fue un buen uso de mi tiempo, hice muy buenos contactos!». A veces tan solo con ponerte en los zapatos de ese yo del futuro en ambas situaciones puedes darte una idea de cuál sería más realista y, por lo tanto, te ayudaría a decidir cómo responder.

4. **No, pero...** Esta es una de mis tácticas favoritas para declinar una propuesta. Es una buena forma de decir que no, pero sin negarse contundentemente. Por ejemplo, si crees que algo vale tu tiempo para responder por correo electrónico, pero no para organizar una reunión, no tienes que decir que no rotundamente cuando te proponen la junta. Puedes dar una alternativa que te funcione mejor.

- *Envía un correo previo.* «¡Hola!, ¿les importaría enviar sus preguntas primero por correo para que después decidamos si necesitamos una junta para discutirlo?».

- *Haz comentarios virtuales previos.* «¡Hola!, ¿les importaría comenzar con algunos de los comentarios de este documento y decidir si hacemos una junta si no se pueden resolver aquí mismo?».

- *Desvía/delega a alguien más.* «Me gustaría dar una conferencia en tu evento grupal; desafortunadamente, por el momento no cuento con la disponibilidad para ello. No obstante, en mi página web tengo algunos módulos pregrabados de *coaching*, por favor, contacta a X persona, quien también realiza este tipo de mentoría».

Esta manera de decir que no hace que el otro se sienta respetado y apoyado, a la vez que protege tu tiempo y tus prioridades. Incluso podrías ir un poco más allá y anotar un recordatorio para contactarlos después del evento y preguntar qué tal estuvo.

5. **No, porque...** La manera más simple (y la más difícil para muchos de nosotros) es ir al grano, decir que no y

explicar por qué. Dar un contexto adicional acerca de qué estás haciendo con tu tiempo y tus prioridades ayuda a que la persona que te hizo la propuesta sienta que te estás abriendo ante su petición y no la estás ahuyentando. Algunos ejemplos son:

- *No tienes tiempo.* «Gracias por compartir esta nueva iniciativa conmigo; parece una buena oportunidad. Me encantaría participar, pero desafortunadamente estoy reservando mi agenda para varios asuntos que probablemente se presentarán este trimestre. ¡Me alegrará mucho ver el producto final de este proyecto!».

- *Tu participación estaría de sobra.* «¡Hola! No asistiré a la junta porque vi que Amy, de mi equipo, tiene más contexto sobre esto y ella ya confirmó su asistencia».

- *Tienes otras prioridades.* «¡Hola! No asistiré a esta conferencia porque esta semana trabajaré en algunos asuntos que requieren concentración y que debo entregar al final del mes, pero les deseo la mejor de las suertes con el contenido».

HAZ QUE EL SÍ SEA SENCILLO

Una vez que has dominado el poder de decir que no, también podrás usar estrategias similares para lo contrario. Si estás tratando de que alguien participe en tu proyecto, puedes usar estas tácticas *a la inversa*. Cuando estoy tratando de que alguien me diga que sí a un proyecto colaborativo o de que me apoye, pienso en por qué me niego o acepto ciertas propuestas. Esto puede verse así:

- **Explícale cómo tu propuesta se alinea con sus prioridades:** «¡Hola!, leí las prioridades que publicaste para este trimestre [En Google estas se llaman OKR, por las siglas en inglés de *objectives and key results;* es decir, objetivos y resultados clave] y hay una que encaja perfectamente con algo en lo que también estoy trabajando. Me encantaría que colaboráramos para lograr una de tus metas para el trimestre, que se alinea con un proyecto que he comenzado».

- **Ofrece tantos detalles/flexibilidad como puedas desde un inicio.** «¡Hola! Me encantaría que dieras una conferencia para mi equipo. Aquí hay más detalles que tal vez te ayudarán a tomar una decisión:

  - Fecha (si puedes, ofrece opciones).
  - Hora (si puedes, ofrece opciones).
  - Número de participantes.
  - Estructura de la conferencia (preguntas y respuestas, una presentación; ofrece opciones para que ellos puedan elegir la que les atraiga más).
  - El porqué se lo propones a esa persona en específico.
  - Cómo se vería el resultado exitoso de este evento.

Ya sea que tú estés diciendo que no o que intentes que alguien te diga que sí, estas tácticas basadas en la vida real pueden beneficiarte para que obtengas exactamente lo que quieres de tu tiempo y del de los demás.

Con el tiempo y la práctica, serás capaz de implementar con mayor naturalidad estas técnicas para decir que no y (más importante aún) para proteger tu tiempo. Sabrás qué tareas merecen tu completa atención y energía, cuáles puedes delegar y cuáles soltar por completo. Serás capaz de evitar la culpa que viene al negarte a algunas propuestas o solicitudes, así como el arrepentimiento que suele emerger cuando te das cuenta de que dijiste que sí (y a veces, incluso, que no) demasiado pronto. Aprender a decir que no reduce pendientes de tu escritorio y tu agenda, de forma que puedas organizar mejor las tareas a las que accediste. Establecer límites y normas de trabajo desde un inicio disminuirá la probabilidad de que tengas que negarte del todo (sabrás más acerca de esto en el capítulo 11).

PRÁCTICAS DE PRODUCTIVIDAD

- ▲ Elige algo que lleve bastante tiempo en la bandeja de entrada de tu correo o que te pese y a lo cual quieras decir que no.
- ▲ Decide cuál de las «cinco tácticas para decir que no» es la más adecuada para resolver el problema.
- ▲ Haz un borrador de la respuesta perfecta que te ayudará a que la persona que te hizo la petición te respete, así como a mantener intactos tu preciado tiempo y tus prioridades.

CAPÍTULO

3

EL EMBUDO DE LISTAS

Ahora que has establecido tus prioridades y que has protegido el tiempo de tu agenda al decir que no, necesitas aprender a llevar el seguimiento de esas tareas de alto impacto y a decidir exactamente cuándo completarlas. Aquí es donde entran las listas. Hacer listas representa la parte de «Consolidación» de las 5C de la productividad. Estás tomando todos los bucles que tienes y los estás agrupando para acceder a ellos en el lugar y en el momento correctos para cerrarlos.

Hacer listas siempre se asocia con altos niveles de productividad. Un prestigioso estudio de Gail Matthews de la Universidad Dominicana de California mostró que escribir las metas incrementaba un 42% la probabilidad de lograrlas. Si bien las listas pueden ser extremadamente útiles, también pueden ser engañosas. ¿Cómo es que en la misma lista de pendientes aparezcan «aprender a tocar el piano algún día» y «terminar la presentación que debo entregar a las 5:00 p. m.»? Aunque ambas son metas que deseas alcanzar, pertenecen a marcos de tiempo y niveles de esfuerzo completamente diferentes. Una implica una visión amplia y la otra es algo que tiene que suceder ahora mismo; entonces, ¿cómo es que coexisten?

Las listas no son cuestión de una sola vez, más bien son parte de un sistema vivo, que respira y que facilita a tu cerebro la gestión de tareas, además de asegurar que las ejecutes. Son la médula de la productividad. Si las utilizas correctamente, las listas te pueden ayudar a gestionar tu vida. Obligan a que te sinceres acerca de lo que tienes que hacer y cuándo debes hacerlo. Te brindan un nivel de confianza en ti mismo al saber que nada se está escurriendo entre las grietas. Abren un espacio en tu cerebro para otras cuestiones. Un poco de planeación puede hacer una enorme diferencia en cuanto a qué estás logrando a largo plazo. En *¡Tráguese ese sapo! 21 estrategias para tomar decisiones rápidas y mejorar la eficacia personal*, Brian Tracy dice que dedicar diez o 12 minutos a planificar tu día «te ahorrará hasta dos horas (de 100 a 120 minutos) de tiempo desperdiciado y esparcirá el esfuerzo a lo largo del día». Tan solo piensa en hacer tu lista del supermercado. Dedicar cinco minutos a enlistar lo que necesitas según el orden de los pasillos y luego hacer las compras en veinte minutos, resulta mucho más eficiente que los cuarenta minutos o más que te toma deambular por la tienda tratando de recordar los productos que necesitas y dónde están. Los cinco minutos que te toma sentarte a planear con anticipación te han ahorrado 15 minutos en total.

Puedes pensar que las listas de pendientes son como un embudo: comienza con las del nivel más alto de todo lo que podrías o quieres hacer, luego redúcelas a lo que realmente harás hora por hora, según tu tiempo, energía y prioridades. El siguiente embudo de listas lo he enseñado con éxito en Google durante años.

Si mantienes el seguimiento de todo en tu cabeza, gestionando la carga mental de tareas personales y laborales, saliendo de las juntas con seguimientos pendientes, tratando constantemente de recordar lo que tienes que terminar y malabareando la ejecución de cuestiones desde diferentes lugares, el embudo de listas es para ti. Puedes usarlo completo o solo algunas partes. Según tu puesto, nivel y responsabilidades, puedes moverte al nivel del embudo de listas que necesites, pero este es un sistema completo para darles seguimiento a todos tus pendientes. Las personas han usado este sistema para crear sus propios cuadernos, pizarrones y plantillas reutilizables. Cada una se encarga de monitorear sus sistemas para luego informarme cómo este método les ha ahorrado tiempo y los ha vuelto más productivos.

MOVERSE DE NIVEL EN EL EMBUDO DE LISTAS

El embudo de listas demuestra con cuánta efectividad se puede ir de lo macro a lo micro. Comienza con la lista principal; puedes pensar en esta lista como un panorama visto a nueve kilómetros por encima de todo lo que está pasando; es como si escanearas cada bucle en tu cerebro que aún no se cierra, pero sin especificaciones de tiempo ni calendarización. Recuerda, no hay un tú que trabaja y un tú que lleva una vida personal. Por eso la lista principal engloba ambos tipos de pendientes: un cerebro, una lista. Una vez que has creado tu lista principal, esta alimentará los puntos de acción de tu lista semanal. La lista semanal puntualiza las cuestiones específicas de la lista principal que realizarás en esa semana, por lo que asignarás días específicos para esos pendientes. La lista diaria es un esbozo de tu día, incluyendo las prioridades principales, cuándo las lograrás y el seguimiento de hábitos que quieres incluir cada día. Una parte de la lista diaria es tu planeación hora por hora, un recorrido de exactamente cómo será tu día y en qué momento realizarás cada tarea o acción. Si pasas cada hora tal como lo planeaste, lograrás todos tus pendientes del siguiente nivel, una hora a la vez. Estas listas se pueden hacer con pluma y papel (que es lo que yo prefiero) o en algún formato virtual. Puedes encontrar ambos recursos, el físico y el digital, para hacerlas en mi página web. Lo esencial es que todos los formatos existen e interactúan.

La lista principal

En todo momento debes tener lo que llamo la *lista principal*. La mía es una lista física en un bloc de notas, pero también es válido llevar una digital. (Consejo: Cada vez que hagas una lista física, cultiva el hábito de inmediatamente tomarle foto para que, si pierdes el papel, ¡no des todo por perdido!).

Algo que notarás de la lista principal es que está dividida en tipos específicos de energía/acción, según todo lo que tienes que hacer; es casi como un panel de control. Mi siguiente ejemplo separa las tareas laborales de las personales, luego las organiza de acuerdo con el *tipo* de acción necesaria para lograrlas. Al clasificarlas así, será más sencillo consultarlas cuando, por ejemplo, tomes un vuelo largo, durante el cual esté permitido usar tu computadora, pero no que hagas llamadas telefónicas. O para cuando sepas que estarás haciendo tareas de la casa y no tendrás tu computadora encendida.

LA LISTA PRINCIPAL

COMPUTADORA - TRABAJO
- [ ] Escribir el coaching por correos (a entregar el 2 de septiembre)
- [ ] Terminar la propuesta del proyecto
- [ ] Agendar junta con Ma'ayan
- [ ] Escribir el borrador del boletín (a entregar el 30 de agosto)

COMPUTADORA - PERSONAL
- [ ] Inscribirnos al campamento de verano
- [ ] Hacer invitación virtual para la fiesta de cumpleaños de Xavier
- [ ] Terminar de escribir el libro (a entregar el 8 de diciembre)
- [ ] Diseñar el álbum de fotos para mamá

LLAMADAS
- [ ] A la escuela de natación, para agendar el diseño
- [ ] A la directora de Shira, acerca del reclutamiento
- [ ] Al seguro, con respecto a la factura del dentista
- [ ] Por lo de la reja rota

TAREAS DE LA CASA
- [ ] Organizar la ropa de invierno de los niños en los contenedores
- [ ] Sacar las cosas de playa para el viaje
- [ ] Arreglar el mosquitero de la puerta
- [ ] Aprender a tocar el piano

COMPRAS
- [ ] Tapete nuevo para la sala
- [ ] Regalo de cumpleaños para Ilan (antes del 3 de julio)
- [ ] Regalo del Día del Padre para Judd (antes del 6 de julio)
- [ ] Comida para perros

RECADOS
- [ ] Regresar el traje de baño (a más tardar el 12 de agosto)
- [ ] Llevar el auto a su inspección (a más tardar el 1 de noviembre)
- [ ] Recoger las fotos impresas
- [ ] Llevar la ropa a la tintorería

O cuando estés atendiendo recados y te des cuenta de que tienes un poco de tiempo extra antes de pasar por tus hijos a la escuela. Con este método, estás ayudando a tu yo del futuro a lograr un éxito absoluto con sus pendientes, porque tendrás dónde consultar acciones similares.

Estas son las seis categorías estándar que utilizo, pero tú puedes crear las tuyas; cualesquiera que agrupen las acciones del mismo tipo. La mayor parte de mi trabajo es en la computadora, pero tú podrías tener dos o tres descansos para el tipo de trabajo compartido, si es aplicable (yo lo mantendría en tres o menos). Por ejemplo, un abogado mercantil podría tener que «redactar borradores de contratos» y «preparar negociaciones», que requieren dos tipos de energía diferente. Un fotógrafo podría incluir «responder a clientes» y «editar». La meta no es tener una subsección para cada proyecto, sino agrupar tareas según el *tipo* de trabajo. Por ahora, piensa que tu lista principal es en la que, de una vez por todas, asientas todo lo que deambula en tu cerebro. Más adelante hablaremos acerca de cómo entran nuevos asuntos a esta lista (como los pendientes que surgen de correos o de las juntas) y de cómo evolucionan. Revisarás esta lista semanalmente y tacharás pendientes de ella cada vez que los descartes o completes. Una de las mejores prácticas para darle espacio a tu mente y mentalizarte en ser productivo es sentarte y escribir una lista principal para cada bucle que actualmente ronda tu cerebro, incluyendo fechas de entrega. Si solo haces una de las cosas que propongo en todo el capítulo, debería ser esto, pues hará la mayor diferencia para que tu productividad mejore. Empieza con las categorías de la lista que puse como ejemplo, de manera que refresques tu cerebro de todo lo que ha retenido dentro de estos grupos.

La lista semanal

Cuando me preguntan cuál es el mayor obstáculo para la productividad, suelo responder que es tener una lista de pendientes, pero no un plan para cuándo hacerlos.

Una ejecutiva que conocí se quejaba de tener listas de pendientes interminables que seguía arrastrando. Le pedí que trajera su lista a nuestra primera sesión de *coaching*. También imprimí su agenda. Nos sentamos a repasar cada elemento y le dije: «Bien, parece que quieres llevarlo a cabo, ¿cuándo planeas hacerlo?». Para casi todos los puntos, su respuesta era: «Bueno, no estoy segura porque tengo juntas todo el día y no tengo tiempo aquí, tampoco acá, entonces... ¿tal vez en la noche?». Nadie quiere trabajar en la noche, sobre todo después de haber estado en reuniones todo el día; además, eso genera agotamiento. Debemos considerar nuestros pendientes como *parte* de nuestra agenda semanal y reservar periodos de tiempo para ellos, tal como hacemos con las juntas.

Al inicio de cada semana (haz de ello un hábito, sea en la noche del domingo o en la mañana del lunes) echa un vistazo a tu lista principal y a partir de ahí elabora una semanal. Trabajar directamente en tu lista principal puede ser demasiada distracción porque usas tus puntos de energía en revisar aspectos que no realizarás esa semana (seguiremos hablando del flujo de trabajo de las listas más adelante en este capítulo).

Después de hacer tu lista semanal, echa un vistazo a tu agenda de la semana. Ahora llénala con las piezas necesarias con las que planeas «cerrar» estos bucles. Recuerda, la lista principal es todo lo que quieras llevar a cabo *eventualmente*, por lo que si esta es una semana ajetreada con viajes y juntas, será mejor que algunos pendientes no se tachen ni se planeen en esa semana. A mí me gusta tomar partes de mi lista principal y crear lugares/temas evidentes para ellos cada semana. Los viernes en la tarde, hago recados. Los miércoles en la noche, hago tareas personales en mi computadora. Los martes en la noche no toco la computadora y hago actividades físicas en mi casa. Los domingos en la noche hago compras en línea de lo que necesite. Esto me ayuda a asegurar que cada área de mi lista principal tenga un espacio para dedicarle al menos una vez a la semana.

> Un componente de máxima productividad es contar con un buen inventario de todo lo que aún no haces. Eso es tan importante como todo lo que sí estás haciendo.

Cuando revises tu agenda semanal tal vez te des cuenta de que no hay un espacio evidente para dedicarlo a tener bloques de trabajo de tus pendientes. Esto indica que necesitas *1)* ser realista acerca de lo que puedes lograr, dada tu agenda de viajes/juntas, o *2)* empezar a darles un espacio en tu agenda. Estar muy al pendiente de tu lista semanal evitará que te sorprendas al final de la semana laboral porque no has completado las tareas que querías y, por ende, termines trabajando todo el fin de semana o empieces la siguiente con retrasos. En el próximo capítulo hablaremos acerca de cómo llevar el seguimiento del flujo de tu energía productiva, lo cual te ayudará a descubrir a qué lugar de tu agenda pertenecen los diferentes tipos de trabajo.

También verás una sección en tu lista semanal para enlistar algunos de esos temas cotidianos. Como dije, esto puede ayudarte a gestionar tu energía y carga de trabajo a largo plazo, así como a corto plazo, semana tras semana. Digamos que estás preparando la cena todas las noches. Puede resultar muy desafiante comenzar ese proceso con la pregunta «¿Qué voy a hacer de cenar hoy?». Imagina que, en vez de comenzar así, tienes temas; por ejemplo, lunes sin carne, martes de comida italiana, miércoles de recetas nuevas, jueves de sopas, etc. Los temas hacen que planear y ejecutar la cena sea mucho más fácil y aseguran que intentes recetas nuevas frecuentemente; también evitan que comas platillos italianos tres noches seguidas (lo cual, de hecho, tal vez no sea tan malo).

De igual forma, tematizar tus días laborales asegura que te estés enfocando en tus prioridades cada semana y que no te olvides de darles seguimiento a algunos de tus pendientes durante semanas. Podrías organizar jueves de «tareas administrativas y revisión de gastos» o viernes de «seguimiento a clientes». Los temas deben ser, sobre todo, consistentes, semana tras semana, al hacer tu lista semanal, para que se vuelvan un patrón. Puedes crear tus temas según lo que ya está sucediendo ese día; por ejemplo, si los lunes tienes junta de personal, tal vez el tema de ese día puede ser «gestión de personas» y reagendes para más tarde tus juntas individuales e informes. También puedes crear tus temas según los bloques de tu lista principal. Es posible que estos cambien ocasionalmente si debes viajar o cumplir con otros compromisos. La consistencia ayuda cuando cierto día inesperadamente tienes tiempo libre, porque de inmediato puedes revisar las temáticas y saber en qué trabajar.

En la lista semanal especificas los puntos de la principal que puedes hacer esta semana y cuándo los harás. Si estás en una junta en la que surge un pendiente que debes llevar a cabo esta semana, pero sabes que ese no será el día, debes agregarlo a la lista semanal. Esta contempla un espacio para llevar el seguimiento de hábitos que estás tratando de cultivar, como meditar o hacer ejercicio. La lista semanal te ayuda a elaborar tu lista diaria.

LA LISTA SEMANAL

TRES PRIORIDADES PARA ESTA SEMANA
- [ ] Terminar la propuesta de proyecto ~ 2 h
- [ ] Inscribir a los niños al campamento de verano ~ 1 h
- [ ] Redactar un borrador para el gerente ~ 30 min

CUÁNDO PLANEO HACER ESTO
- [ ] Día martes en la mañana
- [ ] Día miércoles en la noche
- [ ] Día jueves en la mañana

OTRAS TAREAS QUE PUEDO HACER ESTA SEMANA
- [ ] Regresar trajes de baño
- [ ] Acomodar ropa de invierno para niños
- [ ] Llamar a la directora Marie, sobre la inscripción
- [ ] Invitación virtual al cumpleaños de Xavier
- [ ] Pedir los recuerdos de la fiesta escolar
- [ ] Organizar el gabinete del baño
- [ ] Videollamada con mi mamá
- [ ] Registrarme al viaje del campamento familiar

CUÁNDO PLANEO HACER ESTO
- [ ] Día viernes después de mediodía
- [ ] Día jueves en la noche
- [ ] Día jueves a la hora del almuerzo
- [ ] Día miércoles en la noche
- [ ] Día domingo en la noche
- [ ] Día domingo en la noche
- [ ] Día viernes en la mañana
- [ ] Día miércoles en la mañana

TEMAS PARA CADA DÍA
- [ ] D Compras y preparación de comida
- [ ] L Plan de trabajo / Lavar ropa
- [ ] M Sesiones de entrenamiento / Proyectos de casa
- [ ] M Proyecto / Computadora personal del trabajo
- [ ] J Tareas administrativas / Reja del jardín
- [ ] V E-mails y seguimiento / Recados
- [ ] S Descanso y diversión

SEGUIMIENTO DE HÁBITOS
Meditar ○○○○○

Ejercicio ○○○○○

Caminar en la naturaleza ○○○○○

MÁS ADELANTE
Cosas por hacer la próxima semana en las que tengo que pensar

La junta del comité para 501c3 es la próxima semana

La lista diaria

La lista diaria conjunta todo. Es el CUÁNDO. Es el lugar en el que revisas lo que harás durante el día, todos los días. Algunas personas con las que he trabajado en Google enmican el formato de sus listas diarias y las llenan cada noche con plumón. Otros han convertido sus pizarrones blancos en una gran lista diaria. A muchos les gusta hacer un archivo digital que actualizan diario. Cualquiera que elijas, la lista diaria captura los detalles y muestra aquellas tareas individuales y las juntas que ocurren a la vez para que puedas hacer más.

La primera sección se enfoca en tu primerísima prioridad: ¿Qué tarea tienes que terminar sí o sí cada día? Hasta que no la termines, todo lo demás es distracción. Nuestra tendencia natural es elegir primero los pendientes pequeños y más fáciles porque comenzar con ellos consume menos energía. Pero, también en *¡Tráguese ese sapo!*, Brian Tracy menciona los beneficios de hacer tu tarea más difícil o importante primero, de ser posible. Así, por el resto del día tienes la satisfacción de haberla hecho, en lugar de operar bajo la carga de no haber terminado aún esa responsabilidad. Cuando salgo a caminar por mi colonia, tomo una ruta agradable, que tiene una colina. Cuando tomo el camino de la izquierda, la colina está al inicio de la ruta; cuando tomo el de la derecha, la colina está al final. Cada vez que me decido por el de la derecha, todo el tiempo estoy pensando que aún tengo que subir por esa enorme colina. Cuando tomo el de la izquierda y termino la colina de inmediato, siento como si ya lo hubiera logrado y disfruto el resto de la caminata.

La lista de «otras prioridades» surge directamente de hacer tu lista semanal. ¿Qué te comprometiste a hacer durante ese día? ¿Qué pertenece al tema de cada día que puedas incluir? Si te abruma, imagina que alguien te dice que mañana debes tomar vacaciones por un mes o las perderás. ¿Qué te asegurarías de terminar antes de irte? Que este sea tu punto de partida.

LA LISTA DIARIA

PRIORIDAD PRINCIPAL DE HOY
¡Terminar la propuesta de proyecto!

HOY AGRADEZCO:
¡Mi hermana viene a cenar!

OTRAS PRIORIDADES:
- [ ] Responder a Bhavna sobre el presupuesto de 2026
- [ ] Ropa de invierno para los niños
- [ ] Preparar sesiones de coaching para la próxima semana
- [ ]
- [ ]
- [ ]
- [ ]

HORA POR HORA
- [ ] 7:00 a. m. Laura 30 y hacer desayuno
- [ ] 8:00 a. m. Llevar a la escuela / Ir a oficina / Revisar correo
- [ ] 9:00 a. m. Terminar la propuesta de proyecto
- [ ] 10:00 a. m. Terminar la propuesta de proyecto
- [ ] 11:00 a. m. Responder correos y revisar formato de la sesión de coaching
- [ ] 12:00 p. m. Almuerzo y caminata
- [ ] 1:00 p. m. Junta
- [ ] 2:00 p. m. Junta
- [ ] 3:00 p. m. Enviar a Bhavna presupuesto 2026 / Leer carpeta de correos
- [ ] 4:00 p. m. Junta / Revisar carpeta de correos
- [ ] 5:00 p. m. Regreso a casa / Preparar la cena
- [ ] 6:00 p. m. Cena y tiempo para jugar con los niños
- [ ] 7:00 p. m. Acomodar ropa de invierno de los niños

PENDIENTES RAPIDITOS
Ordenar más comida para perros
Llamar al albañil y preguntar acerca del color de la pintura

MOMENTOS DE ATENCIÓN
- ● Correo cerrado al trabajar
- ○ 30 min de silencio
- ○ Caminar / Naturaleza
- ○

PRIORIDADES DE MAÑANA

Si tuviste una junta en la mañana y de ella surge un pendiente que tienes que terminar al final del día, agrégalo de inmediato a las «otras prioridades» en tu lista diaria. Lo más importante es que cada elemento de esta sección debe tener un lugar en tu plan por hora. *Si está en tu lista, está en tu agenda*. El plan por hora también debe incluir cuestiones como transporte, ejercicio, juntas, tiempo para revisar y procesar correos (verás más acerca del correo en el capítulo 16) y cualquier otro compromiso. Imagina que esto es como un ensayo general de cómo irá tu día. Puede ser una lista física (yo prefiero escribir sobre papel, pues realmente hace que se te quede grabado) o bloques en tu agenda virtual. Tal vez tu día no suceda exactamente como lo planeaste, pero *definitivamente* nunca será así si no tienes un plan.

También notarás que hay un lugar para «pendientes rapiditos». Estos son pequeños pendientes individuales o piezas de otros más grandes que te toman cinco minutos o menos, por lo que se pueden hacer durante los descansos no agendados que surgen durante el día. También pueden ser pendientes que se presentan de pronto y que tienen que terminarse para el final del día. Si en la mañana te das cuenta de que tienes que llamar brevemente a tu arrendador antes de que termine el día, agrégalo a tus «pendientes rapiditos». Luego, si una junta termina temprano, ve directo a esta lista y haz aquella breve llamada. ¿Alguna de tus otras tareas tomó menos tiempo del esperado?, aprovecha para ordenar aquello que necesitas. Tener una lista de «pendientes rapiditos» disponible al momento asegura que cada minuto de tu día esté bien empleado y evita que uses momentos libres entre un pendiente y el otro solo para pensar «¿Y ahora qué hago?».

Al final de la lista diaria es oportuno que identifiques lo que no completaste y lo pases a los pendientes del día siguiente, y también para tachar lo que sí lograste de tu lista semanal. Este paso es fundamental para asegurarte de que aquello a lo que te comprometiste un día y no realizaste salga de tu sistema. Los puntos de la lista superior en tu embudo no se tachan hasta que estén completamente terminados, de tal forma que te asegures de que se completen cuando hagas una revisión de tus listas. Yo lleno la lista diaria del día siguiente la noche anterior (más sobre por qué esto es importante en el capítulo 12).

También incluyo una sección para escribir algo por lo que te sientes agradecido. Me he dado cuenta de que esto me da cierta perspectiva. Conforme avanzo en el día y en mis pendientes, me encanta ver el inicio de la lista y recordar lo que me hace feliz ese día.

Otras listas

Hay otros tipos de listas que no mencionamos aquí. Estos son secundarios y deberían existir aparte de tu embudo general porque tienen un flujo de trabajo diferente.

Lista de captura

Rara vez se nos ocurren las mejores ideas cuando estamos sentados frente a nuestras listas o computadoras; más bien se nos ocurren en la regadera, en el transporte o mientras paseamos al perro. Debido a la introducción en este libro, reconocerás que «Capturar» forma parte de las 5C de la productividad. La lista de captura es lo que nos ayuda a cerrar un bucle abierto, porque es donde transcribes todos los bucles que surgen en tu mente. Piensa que es como un estacionamiento o centro de acopio en donde mantener lo que se te ocurre hasta que puedas acomodarlo en una sección de tu lista principal. Con frecuencia nos decimos «haré una nota mental de esto», pero demasiadas notas mentales abruman al cerebro y lo dejan con una sensación de estar enganchado en demasiados asuntos. En vez de eso, escribe una nota real.

Los dos aspectos más importantes de la lista de captura son *1)* que es fácil acceder a ella en todo momento, sobre todo en tu teléfono celular y en tu computadora, y *2)* que puedes agregar ideas usando la función de dictado por voz. Tu lista de captura es como una mezcolanza de todo lo que has pensado e incluirá los diversos tipos de acciones por clasificar, desde «avisar a la escuela de Julieta que va a faltar la próxima semana», hasta «escribirle al arrendatario sobre el arreglo del jardín» y «comprar un foco nuevo para cambiar el de la entrada». Todos estos asuntos son pensamientos al azar de cuestiones que necesitas o quieres hacer y, por el momento, se tienen que escribir en el mismo lugar. Un cerebro, una lista de captura. Luego, cuando elabores tu lista principal cada semana, consulta la de captura para transferir esos elementos a la parte correcta de la principal (más adelante abordaremos cómo fluye el trabajo en esta lista).

Uno de los mejores usos de una lista de captura que he visto fue con Lorraine Twohill, vicepresidenta sénior de *marketing* global en Google. Ella usa Google Keep para capturar todo lo que inspire su creatividad. Ya sea un anuncio, una foto, una cita o algo que se le ocurrió de la nada y que le gustaría hacer, jamás permite que una idea o pensamiento creativo se le escape. En cuanto llega a su mente, le da un lugar en su lista de captura. Esta se vuelve su punto de referencia para visiones futuras y ejecuciones, además de servirle como un lugar para recolectar y digerir todo lo que la ha inspirado más adelante.

Lista de recolección

Esta es una lista de cosas que te gustaría hacer, visitar, leer o trabajar algún día, pero no necesariamente forman parte de tu lista de pendientes diarios. Por ejemplo, tal vez tengas una lista de libros que quieras leer, clases de piano que te gustaría tomar o recetas que desearías intentar. En capítulos posteriores hablaremos más sobre cómo hacer tiempo para rutinas como leer y tocar el piano, pero este tipo de lista quedaría separada de tu lista principal; puedes mantenerla como adicional a ella y revisarla con una frecuencia similar (mensualmente) o cuando sea necesario (por ejemplo, cuando termines un libro y quieras comenzar uno nuevo).

Lista de compras

Resultaría un poco engorroso agregar cada artículo que necesites comprar en la sección de «compras» de tu lista principal. En vez de ello, pon una lista de compras aparte en un lugar visible. Lo ideal es mantenerla en tu dispositivo móvil, sincronizarla con tu computadora, compartirla con tu pareja o *roomie*, y que sea accesible mediante el dictado en voz (para que cuando te ensucies las manos por haber roto el último huevo, puedas agregar otros «huevos» a la lista de compras). Cada semana, antes de ir a la tienda, echo un vistazo a mi lista de compras digital, vuelvo a copiar todo lo que necesito en una lista que acomodo por secciones (abarrotes, lácteos, carnes, semillas, congelados, pasillos, colaciones, bebidas) y luego ¡le tomo una foto! O si de casualidad paso por la tienda, me es posible consultar la lista de compras en mi teléfono, ver lo que mi esposo y yo agregamos y decidir qué puedo comprar rápidamente (puedes acceder a mi plantilla de lista de compras en mi página web).

FLUJO DE TRABAJO DEL EMBUDO DE LISTAS

Un buen flujo de trabajo de listas es lo que lleva a la productividad al siguiente nivel. Tal vez al inicio te tome un poco de tiempo hacer tu lista principal única, pero una vez que lo hagas, solo necesitarás unos minutos cada día y cada semana para mantener el sistema. La siguiente tabla muestra una idea de cómo se vería esto cada semana.

En su mayoría, la lista principal se mantiene consistente en sí misma conforme los puntos van y vienen. Si tienes una lista principal digital, simplemente puedes borrar los puntos al hacer el seguimiento durante tu revisión semanal, mientras que, si tienes una lista principal física, basta con copiarla más o menos una vez al mes, cuando hayas tachado un número suficiente de pendientes y quieras recomenzar en una hoja en limpio. Luego, cada semana (la noche del domingo o el lunes en la mañana) haz una lista semanal y una lista diaria para cada día y básate en los puntos de tu lista de captura.

POR ÚNICA VEZ → HAZ TU LISTA PRINCIPAL ACTUAL CONFORME LLEGAN LAS IDEAS → ESCRÍBELAS EN TU LISTA DE CAPTURA	
D	L M M J V
▲ La semana anterior, actualiza tu lista principal, tacha los pendientes que ya realizaste y revisa tu lista de captura para agregar ideas nuevas. ▲ Consulta tu lista principal, transfiere los puntos a tu lista semanal y crea la lista diaria del lunes.	▲ Actualiza tu lista semanal tachando los pendientes que ya acabaste. ▲ Consulta tu lista semanal y la del día anterior y transfiere los puntos a una nueva lista diaria para el día siguiente. ▲ Considera revisar tu lista de captura dos o tres veces por semana por si acaso agregaste algo en los últimos días.

Si bien parecería que cada uno de estos flujos de trabajo toman tiempo, realmente solo requieren unos minutos o menos. Intégralos a tu agenda y flujo de trabajo y se volverán acciones automáticas. Las listas pueden funcionar por sí solas, pero es el flujo de trabajo entre ellas lo que las vuelve sistemáticas. Tener un flujo de trabajo estándar en el que confíes en ti mismo para revisar tus listas con una frecuencia específica reduce muchísimo estrés con respecto a fechas límite, porque te anticipas a ellas. Si tengo un proyecto que debo entregar dentro de dos meses en mi lista principal, puedo asumir que veré este punto ocho o más veces cuando revise la lista principal semana tras semana; la fecha límite no me tomará por sorpresa y me aseguraré de asignarle un tiempo para que no se vuelva algo de último minuto. Una agenda que usa el embudo de listas para crear un flujo de trabajo impecable será parecida a la tabla anterior.

Dependiendo de qué tan encaminado estés, tal vez te des cuenta de que necesitas transferir con más frecuencia algunos puntos de tu lista de captura a tu lista principal, tal vez dos o tres veces por semana, o incluso cada noche, mientras haces tu lista diaria para el día siguiente. Si se te ocurre algo mientras estás revisando tu lista principal, no es necesario el paso extra de agregarlo primero a la de captura; añádelo directamente a la principal. O si recuerdas algo que tienes que hacer ese día, agrégalo a la lista diaria (¡solo asegúrate de que haya un espacio de tiempo para llevarlo a cabo!).

Las listas son el corazón de la productividad

La clave es que uses tus listas con eficiencia. Es imprescindible que en cualquier momento sepas dónde consultar cuando surja una idea, cuando tienes tiempo libre y aquello que ya has hecho y lo que aún te falta hacer. El embudo de listas es la solución para conocer todo esto.

Al organizar tus tareas, tus responsabilidades y tus pendientes en listas que van desde lo macro hasta lo micro, adquieres un sentido más claro de la escala y la prioridad, además de mayor habilidad para gestionar tus agendas diarias y semanales. Y esto se vuelve cada vez más fácil, al grado de hacerlo automáticamente. Si bien las listas y el embudo de listas son absolutamente fundamentales para la productividad, para maximizar su efectividad, necesitamos entender cómo se aplican en nuestro uso del tiempo.

PRÁCTICAS DE PRODUCTIVIDAD

▲ Haz una descarga mental y elabora tu lista principal actual.

▲ Utiliza las listas semanales y diarias para simular las tareas de una semana.

▲ Agrega una lista de captura a tu teléfono (usa aplicaciones como Apple Notes o Google Keep) y comienza a capturar cualquier idea o bucle abierto que se te ocurra y que aún no esté en tu lista.

▲ Agrega una lista de compras a tu teléfono a la que tengas acceso con la función de dictado de voz en un dispositivo inteligente de tu casa ¡para cuando estés en la cocina con las manos sucias!

PARTE II

Cuándo hacerlo

CAPÍTULO

4

CONOCE TU *FLOW*

Uno de mis clientes de *coaching* era un ejecutivo de publicidad que radicaba en la Costa Oeste. Tenía un equipo en Nueva York y colegas en California. Le pregunté cuándo tenía más energía y me respondió: «¡Por la mañana!, definitivamente soy mañanero». Así que le pregunté: «Ah, qué bien, entonces haces la mayoría de tu trabajo estratégico, que requiere tiempo para pensar, en la mañana», pero me respondió: «No, toda la mañana tengo juntas con los de la Costa Este, así que hago todo mi trabajo en las tardes, cuando mi energía está baja». Puedes ver por qué no se siente en su versión más productiva. Aunque le estaba invirtiendo *algo* de tiempo al trabajo en el que tenía que estar más concentrado, era el *momento incorrecto* según sus niveles de energía.

Saber *cuándo* planear hacer las cosas es incluso más importante que saber *qué* planear. Mientras que las agendas de todos tienen bloques de tiempo (como las juntas) que no podemos controlar, nuestros bloques de tiempo libre no tienen el mismo valor. Es importante aprender cuándo es *tu* mejor momento para realizar una tarea específica.

No todos los bloques de tiempo de tu agenda son iguales.

Todos tenemos una idea sobre en qué momento del día nuestra mente está más clara o tenemos más energía, es decir, cuándo estamos en la zona de *flow*, y en qué momento no. Cuando muchos de nosotros comenzamos a trabajar de manera remota, no tener que transportarnos al trabajo abrió un espacio para actividades como caminatas a mediodía y siestas, o jornadas laborales que iniciaran más temprano o más tarde, lo cual nos brindó un panorama más claro de nuestro flujo de energía personal.

Algunas personas son nocturnas y otras funcionan bien a las cinco de la madrugada. Es inherente a nosotros. Algunas investigaciones recientes, incluyendo un estudio de 2016 por parte de la Sleep Society (Sociedad del sueño) que publicó Oxford University Press, sugieren que tu cronotipo (tu ritmo circadiano personal) está determinado en gran parte por la biología. Mi esposo y yo descubrimos que funcionamos *exactamente* en horarios opuestos. Cuando siento que estoy a punto del colapso por todo lo realizado en el día (alrededor de las 2:00 p. m.), ¡es su momento favorito para comenzar a ejercitarse! A mí me encanta levantarme temprano y estar lista para comenzar el día a las 6:00 a. m., pero él quiere hablar sobre finanzas a las 11:00 p. m., cuando básicamente estoy dormida. He visto estos ritmos en mis propios hijos desde que eran bebés. A mi hija no se le antoja leer en la noche porque a esa hora comienza a sentirse cansada, pero es feliz cuando lee o escucha libros en la mañana. Alrededor de la hora del almuerzo, le encanta hacer arte, pues es cuando más creativa se siente. Estos ritmos ya existen en cada uno de nosotros. Si descubrimos cuáles son, podemos encontrar *el mejor momento* para realizar los pendientes.

GRAFICAR TUS PATRONES DE PRODUCTIVIDAD

Una de las primeras preguntas que les hago a los ejecutivos en el formulario de mis sesiones de *coaching* es «Si tuvieras un día completo mañana, sin juntas ni interrupciones o compromisos, pero sí un montón de pendientes ¿cómo estructurarías tu día?». Esta simple pregunta puede ser un buen punto de partida para descubrir cuándo son tus momentos de mayor productividad. Para algunas personas así es como se ve: despertarse a las 9:00 a. m., comenzar la mañana lentamente con correos o ponerse al día con las noticias de su profesión, caminar, almorzar tardíamente, luego trabajar en lo que requiere concentración hasta las 7:00 u 8:00 p. m. Para otros podría ser iniciar a las 5:00 a. m., ejercitarse al mediodía, descansar de 2:00 a 4:00 p. m., limpiar sus correos antes de la noche, cuando ya no tienen energía. Ten en tu escritorio un bloc de notas durante dos semanas y cada vez que te estés sintiendo realmente productivo, escribe las condiciones. Mis patrones de productividad, cuando me siento más en el *flow* parecen ser:

- En la mañana / un poco después del mediodía, entre las 8:00 a. m. y la 1:00 p. m.
- Cuando no hay nadie más en la habitación.
- Dos horas después de haber tomado café.
- Escuchando música instrumental (casi siempre bandas sonoras de películas).
- Después de haber ingerido una comida que me satisface (pero no demasiado).
- En una *laptop*, a diferencia de mi pantalla doble, que facilita la multitarea.

Observa cuándo estás en tu mejor momento (y también en el peor), escribe esto durante unas cuantas semanas y toma nota de tus patrones con el fin de tener un panorama completo de tu flujo particular de energía.

ENCONTRAR TUS HORAS PODEROSAS

Una vez que encuentres tus patrones generales de productividad, puedes comenzar a reproducir tus condiciones ideales tanto como sea posible. Esto también ayuda a que las desmenuces hasta descubrir lo que llamo tus *horas poderosas*, es decir, «las dos o tres horas al día en que te sientes en tu cumbre productiva». Ser productivo tiene distintos significados, pero cuando hablamos de las horas poderosas, nos referimos al trabajo que implica tiempo de concentración y de estrategia. Idealmente en estos periodos trabajarías en tus propias tareas, relacionadas con tus tres prioridades principales. Piensa en tus horas poderosas como el momento en que inviertes tus puntos de energía de la mejor manera. Es el tiempo en el que te sientes completamente a cargo. Durante estas horas sería un verdadero desperdicio participar en juntas de baja energía, porque aquellas te ofrecen la oportunidad de producir tus mejores resultados individuales. Mis bloques pico suceden entre las nueve y las once de la mañana.

A veces descubres que tus horas poderosas coinciden con compromisos que no puedes mover en otro horario, por ejemplo, una junta con gerentes o llevar a tu hijo a la escuela. ¡No hay problema! Trata de honrar estas horas en la medida que te sea posible. Reservar tus horas poderosas para realizar tu propio trabajo, aunque sea una o tres veces por semana, o al menos una de tus tres horas poderosas, hará una enorme diferencia en qué tanto controlas tu ánimo respecto a tu trabajo y tus listas de pendientes.

El ejecutivo que mencioné anteriormente comenzó a reservar dos de sus mañanas semanales para dedicarse únicamente al trabajo que requiere concentración. Movió todas sus juntas con la Costa Este a las otras tres mañanas semanales lo más que pudo. Dijo que esto incrementó su productividad semanal general casi al 30% porque sabía que tenía estos dos grandes bloques de tiempo en el que se sentía naturalmente productivo. Dejó de sentirse abrumado por el trabajo en sus horas de menor energía. Numerosos clientes me han comentado que «este simple cambio en su agenda ha provocado la mayor diferencia en toda su productividad». Identificar tus horas poderosas y luego reorganizar un poco tu agenda para protegerlas con el fin de dedicarlas a tus tres prioridades generales puede ser el cambio más pequeño que hará la diferencia más grande. En alguna ocasión asesoré a una ejecutiva que tomaba su descanso para almorzar a mediodía. Se dio cuenta de que sus horas poderosas eran realmente de las 10:00 a. m. a la 1:00 p. m. todos los días. Comenzó a tomar su almuerzo más tarde y descubrió que de 12:00 a 1:00 p. m. era una de sus horas más productivas. ¡Y pensar que la usaba para comer!

QUÉ HACER EN LAS HORAS FUERA DE PICO

La contraparte de tus horas poderosas es la una o dos horas de energía más baja cada día. Las llamo *horas fuera de pico*, porque suceden, no fuera de la jornada laboral, sino de las horas en que tus niveles de energía están al máximo. Si eres una persona mañanera, probablemente esas horas se presenten en algún punto después del mediodía. Si eres una persona que funciona mejor en la tarde, probablemente no estés listo para emprender con ahínco las tareas de tu lista diaria a las ocho de la mañana. ¿Qué hacer en esas horas? Son un excelente momento para emprender otras tareas, como ponerse al día mientras tomas café, registrar tus gastos o responder todos esos correos que requieren baja energía y rápida respuesta.

Por contraintuitivo que parezca, tienes más probabilidades de ser creativo cuando tu energía está baja. Cuando estamos menos enfocados solemos consideramos un rango más amplio de ideas y conexiones, porque nuestros cerebros están un poco más nublados. De acuerdo con una investigación de Mareike B. Wieth, profesora adjunta de Psicología en el Albion College, somos más creativos en las tardes o en otros momentos en los que estamos un poco cansados o atontados e incapaces de enfocarnos. Este también es un buen momento para salir a caminar, lo que le permite a nuestra mente que divague de forma natural aún más.

Debemos recordar que, si bien nuestro cronotipo está ajustado contundentemente según nuestra biología, es bueno revisarlo para asegurarnos de que lo que estamos haciendo está funcionando; pon a prueba tus suposiciones acerca de cuál es la mejor hora para hacer ciertas tareas. Mientras escribía este libro, pensé que escribiría mejor en mis horas poderosas, así que comencé reservando esas horas diariamente para redactar. Pero conforme pasaban las semanas, descubrí que esas horas de picos de energía me servían mejor para estructurar lo que iba a escribir, revisar correcciones o tomar decisiones acerca del libro. Contrario a lo que pensé, me sentí más creativa y en el *flow* para escribir durante mis horas de baja energía. Terminé ajustando mi agenda y bloques de trabajo de acuerdo con este descubrimiento.

FLUIR CON LA CORRIENTE

Saber cuáles son tus horas poderosas y tus horas fuera de pico cada día te ayuda a tener el control, a apartar la mejor hora para hacer algo. Te permite generar mejores resultados y asegura que tu energía está en el lugar correcto antes de comenzar a llevar a cabo una tarea. La mejor manera de pensar en esto es preguntándote «¿Cuándo estoy de mejor humor para realizar ciertas tareas?». ¡Reserva ese horario! Pista: si te sientas en tu escritorio para hacer algo y estás en modo «Ash», tal vez no sea el mejor momento para ello; date permiso de no hacer algo para lo que no estás de humor (de cualquier forma, si cuentas con un buen embudo de listas eres capaz de anticipar tus fechas límite). Pregúntate si hacer esta tarea en este momento se siente como nadar contracorriente o como si fluyeras con la corriente. Lo que quieres es sentirte como si fueras con ella, que fluyes con la tarea al realizarla en el periodo que le asignaste. Así es como sabes que es el mejor momento para llevarla a cabo. Contar con este conocimiento te permite utilizar momentos de baja energía en el día para tareas compatibles con este nivel de energía, a la vez que maximizas tu tiempo en aquellas horas de mayor eficiencia en el día.

De la misma manera, debes sentirte empoderado para capitalizar los momentos en los que estás de humor para hacer algo. Si habías reservado dos horas para trabajar en una tarea y añadiste un descanso después porque supusiste que estarías exhausto, pero de hecho te sientes con la energía y la motivación para seguir trabajando, ¡hazlo! Por lo general, los jueves son mi día de descanso durante la semana porque es cuando suelo estar más cansada. Pero de vez en cuando los jueves en la mañana me levanto con energía para trabajar, así que lo hago, aunque inicialmente no lo haya planeado así. Planear según tu productividad y flujo de energía usual hace una enorme diferencia, pero no hay mejor momento que el presente para volver a preguntarte para qué sí estás de humor y para qué no.

Hasta ahora has aprendido cómo reconocer y establecer tus prioridades, así como a identificar las tareas necesarias para lograrlas. Has aprendido a decir que no a ciertas cuestiones y a ser amable, sin desproteger tu preciado tiempo. Has entendido la absoluta importancia de hacer listas para darle seguimiento a tu flujo de trabajo.

Has aprendido a determinar qué horas del día son mejores para ti (sí, para *ti*) y así establecer un horario para diferentes tipos de trabajo. Pero ¿cómo diantres puedes sintetizar todos estos conocimientos valiosos en una agenda que funcione? Es más fácil de lo que crees.

> **PRÁCTICAS DE PRODUCTIVIDAD**
>
> ▲ Ten un bloc de notas en tu escritorio durante dos semanas. Cada vez que te sientas enfocado, o sea, excepcionalmente productivo, escribe algunas de las condiciones. Date cuenta de cuáles son tus patrones.
>
> ▲ A partir de ahí, indaga cuáles son las dos o tres horas al día en que te sientes más enfocado. Resérvalas en tu agenda tan frecuentemente como te sea posible para realizar tareas que se relacionen con tus prioridades principales.
>
> ▲ Usa tus horas fuera de pico para juntas, lluvias de ideas, ponerte al día, leer artículos sobre tu profesión o tareas administrativas rutinarias.

CAPÍTULO

5

CALENDARIZACIÓN DE BASE CERO

Cuando los contadores crean un presupuesto para el próximo año, a veces utilizan algo que se llama *presupuestación de base cero*. A grandes rasgos, esto significa que no revisamos el presupuesto o los gastos del año pasado para estimar lo que necesitaremos este año, sino que empezamos desde cero y nos preguntamos: «¿Qué necesitamos realmente según lo que sabemos hoy?». Esta mentalidad se puede usar para equilibrar el *efecto dotación*, un descubrimiento psicológico en el que las personas tienden a valorar más un objeto que ya poseen (o una junta que ya agendaron) que ese mismo objeto cuando no les pertenece (si tuvieran que aceptar una invitación a la misma junta, pero a partir de ese momento). A mí me gusta aplicar este principio para escombrar mi ropa mediante lo que llamo *almacenamiento de base cero*: si mi clóset fuera una tienda y hoy entrara en ella para comprar, ¿qué prendas me llevaría realmente?

Esta forma de pensar nos ayuda a sacudirnos la idea de mantener algo porque siempre ha estado ahí, en vez de enfocarnos en la realidad actual de lo que en verdad necesitamos *ahora mismo*. Esta también es la base de lo que llamo *calendarización de base cero*:

la práctica de examinar detenidamente cuál sería tu agenda ideal si pudieras analizar tus compromisos, juntas y prioridades con una visión fresca. Una de las reacciones que más disfruto es cuando le doy a alguien una agenda completamente en blanco y una pluma. Se siente como un nuevo inicio, comenzar desde cero. De pronto, es como si fueran los diseñadores de su propia vida (*spoiler*: ¡Sí lo son!). Cuando trabajo con mis clientes, nos sentamos a esbozar un formato ideal y fresco de cómo se vería su semana tal cual les gustaría. Obviamente, hay elementos inamovibles y compromisos que debemos mantener, pero usamos esto como plantilla y punto de partida para hacer una lluvia de ideas de tu agenda ideal. Piénsalo como si identificaras los ladrillos de tu agenda sobre los cuales apoyarías algo. Cualquiera puede hacerlo por sí mismo en pasos sencillos.

En una agenda completamente en blanco, agrega lo siguiente en el mismo orden:

1. **Aspectos que *no puedes* mover** (en un presupuesto, equivaldría a los impuestos por pagar, lo no negociable). Aquí podría entrar tu junta con el personal, llevar a tu hijo a la escuela o cualquier otro compromiso *sin* oportunidad de ser modificado.

2. **Tus horas poderosas y bloques para urgencias.** Reserva un periodo para el trabajo que requiere concentración, aun si solo es una hora de un bloque de tres o solo uno o dos días a la semana. Cualquier tiempo que puedas asignar semanalmente durante tus horas poderosas vale oro. También notarás que las horas poderosas de un día son mejores que otras. Yo sé que los viernes de las 9:00 a las 11:00 a. m. son las más poderosas de mis horas poderosas, porque estoy motivada para terminar

con mis pendientes antes del fin de semana. Me aseguro de reservar esas horas cada semana, porque es cuando programo mis proyectos más grandes y mis tareas más estratégicas. También puedes usar el consejo del capítulo 1 y bloquear un poco de tiempo cada día para lidiar con cuestiones urgentes o imprevistas.

3. **Tus horas fuera de pico.** Es posible que aparezcan en una base diaria recurrente (tiempos después de la comida para salir a caminar, o para revisar correos o para desestresarte; un bloque de treinta minutos en la mañana para leer las noticias de tu área, lo que sea que hayas identificado al graficar tus patrones de productividad). También pueden asignarse en tiempos específicos o semanalmente. Por ejemplo, como los lunes siempre necesitas un descanso luego de tu junta de dos horas con el personal, entonces reservas ese tiempo. Los momentos para lidiar con la baja energía *también* pueden darse en una base semanal. Yo sé que los jueves en la mañana tiendo a sentirme un poco abrumada y cansada. Sé que no estoy sola en esto: durante los diez años en que di clases de *barre*, asistían menos personas los jueves. Las personas habían trabajado arduamente de lunes a miércoles, pero aún no estaban cerca del fin de semana y simplemente no tenían ganas de ejercitarse ese día. En la medida de lo posible, los jueves evito conversaciones importantes, juntas donde hay que tomar decisiones, comenzar proyectos nuevos o participar en discusiones estratégicas. Tal vez cocinas la cena para tu familia toda la semana y, para cuando llega el jueves, estás un poco fastidiada y, como resultado, detestas cocinar esa noche.

Aprovecha para hacer de los jueves en la noche el momento de cenar lo del día anterior o para pedir comida a domicilio. Mi hija tomaba clases de gimnasia los jueves después de la escuela y yo sentía que ella tenía muy poca energía, por lo que no me encantaba. Cambié sus clases a los lunes después del mediodía y la experiencia cambió por completo. Tan solo reconocer esos patrones en tus niveles de energía hace una gran diferencia. Planear con anticipación la aumenta aún más.

4. **Tus puntos de control.** Corresponden a los breves momentos a lo largo de la semana en que estás planeando el resto de tu tiempo. Esto podría ser un periodo breve los lunes en la mañana o los domingos en la noche para crear tu lista semanal, o tal vez un tanto de 10 o 15 minutos al final del día para hacer tu lista diaria para el día siguiente. Digamos que tu gerente convocó a una reunión de dos horas con el personal y sabes que cada vez que tienes una junta, inmediatamente después, te sientes abrumado. Podría ser porque es un bloque de tiempo largo y necesitas un descanso, también podría ser porque siempre surgen acciones a realizar que tienes que procesar después de la junta. Como sea, esos treinta minutos son un punto de control, así que ¡resérvalo! Tener esa media hora para ti cada semana tendrá beneficios exponenciales, muchos más que si la tuvieras en otro momento de tu semana. Después de asesorar a un ejecutivo, descubrimos que, si no se abría un espacio de más o menos una hora los lunes en la mañana para limpiar su correo, hacer su lista semanal y reunirse con su asistente, su semana sería al menos 20% menos eficiente.

Como dije, cuando estuve en ventas, traté de mantener libres mis mañanas de los lunes para preparar mis propuestas y mis llamadas, de martes a jueves hacía las llamadas de ventas semanales y los viernes los dedicaba a cerrar y dar seguimiento a mis propuestas. Mantener esta estructura me aseguraba nunca tener una llamada sin estar preparada y siempre estar al día con mis pendientes y seguimientos.

5. **Temas diarios.** Como mencionamos en la lista semanal, es útil tener una idea general de tus temas diarios a lo largo de la semana. Líderes de negocios, incluyendo al fundador de Treehouse, Ryan Carson, a la CEO de Thrive Global y también fundadora del Huffington Post, Arianna Huffington, así como al cofundador de X (antes Twitter), Jack Dorsey, han usado este método. Los temas diarios te ayudan a profundizar en un tema y evitar estar cambiando de tareas/contenidos, lo cual me gusta llamar «la calendarización del rompecabezas», o sea, meter un montón de temas y tipos de juntas diferentes, y cambiar de contexto muchas veces en el mismo día. Con frecuencia, los médicos tematizan sus días como lunes de consultas, martes de cirugías y viernes de seguimiento. Un estudio publicado en el *Journal of Experimental Psychology: Human Perception and Performance* indicó que estar cambiando tus flujos mentales provoca pérdidas de tiempo y energía, y disminuye la eficiencia, lo cual todos podemos sentir después de un día en el que nuestra cabeza estaba en todos lados.

Al establecer tus temas incluso —temas de medio día—, podrás *1)* profundizar en un tema, porque has estado pensando en él durante más tiempo —imagina los beneficios de una junta de proyecto, luego una junta de uno a uno con alguien, luego un poco de tiempo de trabajo individual, todo sobre ese tema y en el mismo día—, y *2)* aseguras que estás revisando exhaustivamente algo que te importa al menos una vez por semana. Si yo reservo mis jueves para «ponerme al día con mis tareas administrativas y mis correos» o para «visualizar el panorama completo de un proyecto», estoy segura de que no pasará más de una semana sin estar al día con esos pendientes, y de lunes a miércoles no me estresaré con respecto a mis tareas administrativas porque sé que el día de avanzar en ello está por venir. También puedes crear temas para tareas personales, por ejemplo, «domingos de compras y preparación de comidas», «lunes de lavandería», «martes de proyectos para el hogar». Yo asigno a cada día tanto un tema de trabajo como uno personal. Otro beneficio de tener temas personales es que no necesitas agregar tareas permanentes, como la lavandería, a tu embudo de listas, porque ya sabes que tienes un espacio para ello consistentemente (¡los lunes!). En el capítulo 17 hablaremos más acerca de cómo asegurarte de realmente hacer la lavandería los lunes.

CALENDARIZACIÓN DE BASE CERO * 95

	LO QUE LA MAYORÍA HACE (CALENDARIZACIÓN GENERAL/ MÉTODO DEL ROMPECABEZAS)	LO QUE SE DEBERÍA HACER (AGRUPAR POR TEMAS Y TIPOS)
8:00 a. m.	Junta de equipo	Trabajo matutino y lluvia de ideas
9:00 a. m.	1:1	
10:00 a. m.	1:1	
11:00 a. m.	DNS Junta de jefes	
12:00 p. m.	Almuerzo	Almuerzo
1:00 p. m.	Lluvia de ideas	Reuniones 1:1
2:00 p. m.	Junta de lanzamiento Llamar al doctor	
3:00 p. m.	1:1	
4:00 p. m.	Ayuntamiento	Tiempo de concentración y cierre
5:00 p. m.	Junta	
6:00 p. m.	Regreso a casa Cena	
7:00 p. m.	Llamada con APAC	

EL VALOR DE UN DÍA SIN PLANEAR

Si bien es maravilloso planear reuniones y bloques de tiempo de trabajo, no subestimes el valor de tener ocasionalmente un día sin nada planeado. Si tienes la habilidad de hacer un día sin juntas en tu agenda, ¡tómalo! Un día sin ellas o sin compromisos es sumamente diferente a uno con incluso una sola reunión de treinta minutos a las dos de la tarde. Por alguna razón, aunque sea un solo compromiso, hay una sensación de que son más de treinta minutos porque tu día entero gira alrededor de este.

Resulta un buen ejercicio darte un día de vez en cuando en el que el plan sea trabajar, pero sin tener compromisos asignados en determinado momento. Esto es porque te hace sentir en completo control de lo que necesitas hacer y cuándo lo quieres hacer; además, te permite regresar a contactar con tus patrones naturales de productividad.

CÓMO USAR TU PLANTILLA

Ahora que tienes un formato, ese es tu punto de partida para tu *semana ideal*. Sabes exactamente en qué horarios funcionan tus periodos de trabajo que requiere concentración, sabes a grandes rasgos qué debe incluir cada día y también has abierto un espacio para los momentos en que estás realmente enfocado y aquellos en que no lo estás. Esta plantilla de ladrillos es tu punto de partida para cada semana y te permite asignar las tareas de acuerdo con tus niveles de energía y concentración. Así que, si estás revisando tu lista semanal y te das cuenta de que realmente necesitas sentarte a terminar algo estratégico, ya tienes algunas horas poderosas esbozadas. Si alguien te pide una reunión en las próximas tres semanas para tomar café y conversar acerca de su carrera, ya sabes cuáles son los momentos de baja energía en donde puedes ubicar ese tiempo sin problemas. Si no tuvieras una base y simplemente le dijeras a esa persona «¡Me haré un tiempo libre en mi agenda!», esa conversación con café podría suceder durante tus horas poderosas o durante los treinta minutos después de tu junta de personal, tiempo que ya asignaste, semana tras semana, para tomarte un descanso. Estos bloques de tiempo para trabajar y reunirse son excelentes comodines; las especificaciones llegarán cada semana, cuando entiendas el panorama completo de tu carga de trabajo y otras cuestiones que pueden surgir.

IMPLEMENTACIÓN GRADUAL

No pienses que se trata de desechar la agenda de tu yo actual. Piensa que es ir estableciendo la agenda de tu yo del futuro.

Tal vez leas esto y pienses: «Es maravilloso elaborar esta agenda ideal, pero ¡no puedo desechar mi calendario completo y comenzar mañana desde cero!». O bien «No tengo tanto control sobre mi agenda, ¡las juntas aparecen en mi calendario o surgen compromisos y tengo que estar disponible!». Y si bien es cierto que habrá reuniones en las que el único bloque en el que todos los involucrados coinciden es uno de tus momentos protegidos, querrás tomar decisiones informadas sobre aceptar esa junta, sabiendo exactamente a qué estás renunciando y cómo eso afectará el resto de tu agenda. Tener una plantilla de agenda facilita que prepares tu ánimo para decidir aceptar estas juntas cuando sea necesario, porque cuentas con otros bloques de tiempo de trabajo para objetivos específicos a lo largo de la semana como respaldo.

Entonces, lo que seguramente quieres es pensar en esto como un borrador de tu semana ideal. Tu agenda nunca estará 100% alineada a tu plantilla perfecta, pero sí evitarás que solo lo esté al 10% como pasaría si no la tuvieras. Incluso si uno o dos días de tu agenda real encaja con la ideal, la sensación de que estás en tu tiempo productivo óptimo será más frecuente.

A mí me gusta pensar que esto es una transición de tres meses de permiso; también puede ser un cambio que coincide con otro momento de transición importante, como un año o un trabajo nuevo. Empieza gradualmente, moviendo las juntas sobre las que sí tienes control. Hazlo poco a poco, reservando tiempos de baja energía o de horas poderosas, aun si el primer bloque es posible meses después. Apégate a esos bloques y comienza a ver cómo te sientes cuando usas tu energía baja y alta de forma correcta, y sigue la corriente de tu *flow* natural. Empieza a percatarte de lo mucho mejor que trabajas cuando lo haces en el momento correcto o tematizas tus días para avanzar a grandes pasos sobre un tema específico.

CALENDARIZACIÓN DE BASE CERO * 99

PLANTILLA DE MI AGENDA: UN EJEMPLO

	GESTIÓN DE PERSONAS	*COACHING*	TRABAJO EN PROYECTOS	TAREAS ADMINISTRATIVAS	CORREO Y SEGUIMIENTO
	L 25	M 26	M 27	J 28	V 29
8:00 a. m.					
9:00 a. m.	Ponerme al día con correos, actualizar lista principal, revisar lista de captura, hacer lista semanal y lista diaria del lunes	Horas poderosas	Bloque para juntas	Bloque para juntas	Horas poderosas
10:00 a. m.					
11:00 a. m.			Trabajar en proyectos de gran alcance, preparar juntas, trabajo, etcétera	Energía baja / tareas administrativas	Limpiar correo y carpetas
12:00 p. m.	Bloque de juntas 1:1 con mi equipo				
1:00 p. m.					
2:00 p. m.	Junta con personal	Bloque para sesiones de *coaching*		Bloque para juntas y tiempo para ponerme al corriente	Bloque para juntas
3:00 p. m.	Energía baja				
4:00 p. m.					Nada
5:00 p. m.	Hacer la lista diaria de mañana	Hacer la lista de mañana y revisar la lista de captura	Hacer la lista diaria de mañana	Hacer la lista de mañana y revisar lista de captura	
6:00 p. m.					

Tal como no es sencillo llegar a cierto objetivo de ingresos por ventas si no has establecido uno, también es difícil tener un horario ideal si no has mapeado uno. Algunas personas continuamente asignan sus tareas de alto impacto en sus horas de baja energía, y siguen sin saber por qué sus resultados no son los deseados. Si bien reconocer estos ritmos es el primer paso, planear de acuerdo con ellos es lo que cambia tus semanas radicalmente. Para comenzar a establecer esta agenda ideal, será esencial que revises tu tiempo y responsabilidades, con el fin de examinar cuáles son todas tus actividades actuales.

PRÁCTICAS DE PRODUCTIVIDAD

- ▲ Imprime un calendario en blanco y trata de hacer una calendarización de base cero similar a una actividad de lluvia de ideas.

- ▲ En él, esboza los pendientes que no puedes mover de tu agenda, tus horas poderosas y tus horas fuera de pico, así como periodos para organizar y cerrar.

- ▲ Trata de elaborar días completos o medios días con base en un tema, incluso un par de días a la semana.

- ▲ Analiza cómo puedes empezar, de forma realista, a adaptar las actividades de tu agenda actual a este método. ¡Puede ir sucediendo en pequeños pasos!

CAPÍTULO

6

REVISIÓN DEL TIEMPO

Una ejecutiva, a quien llamaremos Michelle, con la que trabajé había estado en Google por casi 15 años. Ella se había desempeñado en numerosos puestos y con múltiples equipos alrededor del mundo. Me pidió que la ayudara a encontrar espacio en su agenda para visualizar proyectos de gran espectro y alcance, así como tiempo para pensar.

Lo primero que hice fue organizar una revisión de tiempo con su equipo de soporte. Enlistamos cada compromiso que ella tenía recurrentemente, luego acomodamos su agenda de acuerdo con cuánto tiempo en promedio les dedicaba cada semana. Nunca olvidaré su reacción al ver esto plasmado en papel. Pude apreciar cómo su energía cambió de parálisis a entusiasmo cuando recorrió la lista. Su asistente estaba tomando nota frenéticamente mientras la ejecutiva hacía comentarios como:

¡Olvidé por completo esta invitación! Podemos dejarla de forma definitiva. Probablemente puedo dejar de asistir a esto a partir de ahora. Solía estar en ese comité por mi equipo anterior, pero ya no es relevante. ¿De verdad me estoy reuniendo con él por tres veces más tiempo que con mis otros empleados? Ahora que lo pienso, ¿y si reducimos nuestra junta de una hora a media hora? Esta persona ya no es relevante para mi trabajo, así que, a partir de ahora, reunámonos con ella trimestralmente en lugar de forma mensual.

Por fin estaba limpiando años de reuniones acumuladas y sin relevancia, compromisos y seguimientos, y estaba liberando esos espacios; algo muy parecido a escombrar tu clóset o el sótano años después de que tus hijos se han ido del nido para siempre. De pronto, hay todo tipo de espacio listo para reasignarse con otras iniciativas.

En el capítulo anterior plasmaste sobre papel tu agenda ideal y elaboraste una plantilla para tu calendario. Para entender cómo aprovecharla al máximo, tienes que echar un vistazo a cómo estás asignando tus tiempos *ahora mismo*. Tal vez tengas una idea general según lo tratado en el capítulo de las tres prioridades principales y la actividad de resaltarlas (por ejemplo, ¿cuánto tiempo le estás dedicando realmente a las cuestiones que te importan?); sin embargo, resulta útil obtener la información de manera concreta. Es fácil decir «me reúno con esta persona cada 15 días» o «dedico cierto tiempo cada semana a ayudar en la escuela de mi hijo», pero ¿sabes cuántas horas le dedicas a todas estas cuestiones? ¿Sabes cómo esto se acumula con las otras reuniones y compromisos que tienes? Todo será muy ambiguo hasta que tengas datos concretos que vacíes en un solo lugar. Tal como la ejecutiva del ejemplo anterior, un nuevo esclarecimiento surge al verlo plasmado en papel, y para eso se hace la revisión del tiempo.

> Toma el control de tu día,
> en vez de estar a su merced.

CÓMO REVISAR TU CALENDARIO

Para muchas personas, el número y duración de las reuniones son grandes preocupaciones cuando intentan gestionar su tiempo, pero no es la forma en que cada una comienza a agendar sus pendientes. Aquí hay algunos enfoques con los cuales puedes ver y analizar tu agenda, según lo que más te importe:

- **Concentración vs. colaboración:** ¿Cuánto tiempo le dedicas al trabajo profundo y concentrado en comparación al tiempo que trabajas con otros? ¿Esto se alinea con lo que es apropiado para tu trabajo?

- **Estirar vs. aflojar:** ¿Qué porcentaje de tu agenda está dedicada a tareas a las que te sientes *obligado*, frente a aquellas en las que tú estás *presionando* o *queriendo* que se terminen?

- **Tiempo personal vs. tiempo laboral, o Trabajo A vs. Trabajo B:** ¿Tu horario laboral se está filtrando en tu horario personal o viceversa? Sobre todo, si trabajas como *freelancer* y realizas diferentes trabajos, o trabajas en horas poco tradicionales, es útil saber cuánto tiempo le estás dedicando realmente a cada tarea y si todo está equilibrado como a ti te gustaría.

- **Responsabilidades:** ¿Estás atascado con compromisos ocultos que no aparecen en tu agenda, pero que de todos modos están absorbiendo tu tiempo? Si tienes muchos compromisos, pero no todos están representados en juntas, es recomendable enlistarlos, ver cuánto tiempo realmente le dedicas a cada uno, compararlos uno con otro y ver qué puedes eliminar.

- **Juntas recurrentes:** ¿Estás atrapado en una rutina o asistiendo a reuniones que ya no tienen un objetivo? Para quienes tienen poder de decidir a qué juntas asisten y por cuánto tiempo, esta es la manera más sencilla de eliminar las cuestiones que no son esenciales y que han estado rondando en su agenda desde siempre. Pregúntate, con una mentalidad de base cero, «Si me invitaran a esta junta hoy, ¿aceptaría y asistiría cada semana/mes?»; al igual que con las suscripciones a servicios de *streaming*, aceptamos juntas recurrentes, pero hasta que no hagamos algo al respecto y cancelemos, estaremos atorados en ellas para siempre.

Ten cuidado con la junta recurrente que permanece en tu agenda aun cuando ya se ha logrado su propósito.

Para darte una idea de cómo recolectar la información de tu agenda, aquí hay un ejemplo de una junta recurrente sobre revisión del tiempo (puedes encontrar una plantilla en mi página web). Tal vez no tengas la autoridad como la del ejecutivo del ejemplo para determinar a qué juntas asistes y por cuánto tiempo, pero es una buena forma de ilustrar cómo funciona la revisión del tiempo.

1. En una hoja de cálculo, empieza haciendo una lista de las juntas (o compromisos) a los que asistes con regularidad. Puedes obtener esta información filtrando palabras clave como *semanal*, *quincenal*, *mensual* y *trimestral* en tu agenda.

2. Agrega una columna en la hoja de cálculo que indique cuánto tiempo le estás dedicando realmente a esa junta o compromiso al mes. Es evidente que una junta semanal de dos horas es muy diferente a una junta semanal de media hora en términos del tiempo total dedicado en promedio por semana. Aunque ambos estén enlistados como semanal, marcar el tiempo total o promedios semanales puede ayudarte a ver a qué le estás dedicando tu día.

3. Elige un periodo (a mí me gusta hacerlo trimestral, pero anual también puede funcionar) y calcula la cantidad de tiempo total que le estás dedicando a esa junta o compromiso durante dicho periodo.

4. Ordena la columna de tiempo total para que muestre dónde estás dedicando más horas y cómo se clasifica tu lista de actividades según este criterio.

5. Revisa la lista en orden descendente, desde la mayor cantidad de minutos por trimestre a la más baja, luego sugiere cambios que podrían esclarecer las cosas.

	A	B	C	D	E	F	G
1	Persona	Frecuencia estimada	Tiempo en minutos	#de juntas /trimestre	# de horas/ trimestre	Promedio min/ semana	Después de la revisión: ¿seguimos o no?
2	Junta de líderes	semanal	120	13	1560	120	Seguimos
3	Gaurik 1:1	c/3 semanas	25	39	975	75	Seguimos
4	Comité directivo	semanal	60	13	780	60	Si el orden del día es relevante
5	Naomi 1:1	semanal	60	13	780	60	Reducir a 30 min
6	Malik 1:1	c/2 semanas	25	26	650	50	Cambiar a semanal
7	Revisión Latam	semanal	45	13	585	45	Seguimos
8	Revisión producto	semanal	45	13	585	45	Cancelar si no hay informe escrito previo
9	GAPP + velocidad	c/2 semanas	60	7	420	32	Reducir a 45 min

Ver tu calendario acomodado así puede ser muy ilustrativo, además de que te empodera. Si bien te tomará tal vez veinte o treinta minutos completar este ejercicio, te ahorrará al menos esa misma cantidad de tiempo a largo plazo, cuando comiences a aplicar pequeños cambios.

Meses después de mi junta con Michelle, tuvimos una sesión de seguimiento. Ella estaba radiante. Al hacer cambios por aquí y por allá en la frecuencia de sus juntas, recortar 15 minutos a otras y eliminar las que ya no eran imprescindibles, liberamos aproximadamente tres horas de su agenda a la semana. Eso es muchísimo tiempo considerando que me pidió ayuda porque estaba peleando por cada minuto de su agenda. Lo importante es que cortamos las tareas que natural y evidentemente se sentían que sobraban. Fue ella quien examinó la lista y tomó las decisiones con base en la cantidad total de tiempo que le dedicaba a cada una. Yo solo le di la información y un marco de trabajo para hacerlo. Ahora Michelle tenía tres horas adicionales a la semana para dedicarlas a pensar y visualizar proyectos relevantes, casi 150 horas adicionales al año, y gracias a un sencillo ejercicio que le tomó media hora.

REVALUAR TUS CAMBIOS

De vez en cuando, cuando sugiero algo como esto, las personas se resisten a actuar porque piensan «¿Qué pasa si muevo a John de semanal a mensual y luego siento que no nos estamos reuniendo el tiempo suficiente?». Del mismo modo en que explicamos cómo decir que no en el capítulo 2, ten en mente que estos cambios en tu agenda no tienen que ser permanentes, inténtalo por un periodo de prueba de tres meses. Si dejaste ese comité, pero realmente echas de menos hacer voluntariado, vuelve a inscribirte. Si ahora tú y John están escribiéndose demasiados correos porque ya no se reúnen lo suficiente, júntense cada dos semanas. Si nunca pones a prueba tus suposiciones, tal vez nunca sabrás la recurrencia adecuada de una junta.

Puedes hacer cambios graduales al paso del tiempo, pero lo que he oído de muchas personas es que, de hecho, los cambios drásticos son más sencillos. Si tienes un punto de partida natural, como el inicio del año, de un trimestre, de un año escolar, de un nuevo trabajo o equipo, es un buen momento para iniciar más o menos desde cero. Muchos ejecutivos me han dicho que envían un correo diciendo: «¡Estoy haciendo cambios en mi agenda!» o «A partir de enero empezaré a hacer pruebas de juntas uno a uno cada dos semanas en lugar de cada mes». Esto parece funcionar mejor que hacer cambios en secreto o discretamente, ya que la gente se lo puede tomar como algo personal. Toma las riendas de la mentalidad de tu nuevo yo, de tu agenda nueva, de ser el dueño de tu tiempo y comunícalo; tal vez puedes motivar a alguien más a hacer lo mismo.

MIRA HACIA ATRÁS Y MIRA HACIA ADELANTE

Si una revisión de todo tu tiempo resulta demasiado, hay un ejercicio más simple que uso con muchos de mis clientes: la reflexión semanal «mira hacia atrás, mira hacia adelante». Esta se basa en el principio de que a veces nos impulsamos a superar la semana, pero nunca nos detenemos a realmente reflexionar en qué sí usamos bien nuestro tiempo y en qué no. Tomarse unos minutos para esta medición del pulso semanal es útil cuando planeamos las semanas siguientes. Si trabajas con un profesional administrativo o alguien que te ayuda con tu agenda, hacer este ejercicio juntos puede ser especialmente básico para que esa persona sepa priorizar tu agenda con base en tus respuestas a estas preguntas. Mientras más lo practiques con quien administra tu agenda, más podrá anticipar cuáles son los puntos en los que para ti vale la pena dedicar tiempo. Algunas preguntas que debes formularte en una revisión «mira hacia atrás, mira hacia adelante» podrían ser las siguientes (a mí me gusta hacer la mía los domingos en la noche, cuando hago mi lista semanal):

Mira hacia atrás

- ▲ ¿Qué juntas/actividades implicaron un estupendo uso de tiempo la semana pasada y por qué?
- ▲ ¿Qué juntas/actividades no resultaron en un estupendo uso de tiempo la semana pasada y por qué?
- ▲ ¿Hay algo (junta/actividad) a lo que hubiera querido dedicar más tiempo la semana pasada?
- ▲ ¿Hay algo (junta/actividad) que se ha reagendado tres o más veces? Si sí, ¿es realmente necesario que suceda?
- ▲ ¿Hay alguna junta/actividad en mi agenda para la que tengo puntos de seguimiento que aún no he capturado en mi embudo de listas?

Mira hacia adelante

- ▲ ¿Hay algo en mi agenda de la próxima semana que tal vez no implique un excelente uso de mi tiempo y hay alguna forma de cambiar eso?
- ▲ ¿Hay algún espacio en mi agenda de la próxima semana en que mi yo del futuro pueda tener baja energía o en que desearía programar un descanso?
- ▲ ¿Hay alguna junta/actividad en mi agenda en donde no habré agregado u obtenido valor?

Reflexionar acerca de tu agenda con estas preguntas sencillas puede ayudarte a reforzar qué sí implica un buen uso de tu tiempo y qué no. Mientras más practiques este ejercicio, más consciente estarás semana tras semana sobre cómo distribuir tu tiempo de la mejor manera.

REVISIÓN DE TIEMPO REGULAR

No es necesario esperar a hacer una revisión de toda tu agenda para ser consciente de la distribución de tu tiempo. Puedes mantener esta mentalidad para cualquier junta específica que surja o incluso cualquier compromiso nuevo. Por ejemplo, me encanta leer y estoy en dos clubes de lectura que se reúnen una vez al mes. Cuando me mudé, un vecino me preguntó si quería unirme al club de lectura del vecindario. Mi primer instinto fue responder: «¡Claro! ¡Me encanta leer!», pero luego hice una rápida revisión de mi tiempo y calculé que, si leo tres libros al mes de más o menos 350 páginas cada uno, con una velocidad de lectura promedio de más o menos cincuenta páginas por hora, eso terminaría en siete horas a la semana de lectura (el mismo análisis podría aplicar en audiolibros). Antes de unirme al nuevo club de lectura, tuve que preguntarme seriamente si podía estimar unas cuantas horas adicionales a la semana para completar otro libro cada mes (¡aunque es sabido que he logrado convencer a mis diferentes clubes de leer el mismo libro a la vez!).

Del mismo modo, si no tienes muchas juntas o compromisos recurrentes y solo buscas una forma rápida y sencilla de conocer el panorama de cómo estás distribuyendo tu tiempo, solo elige un rango de fechas, como un año o un trimestre, y crea una gráfica de pastel de tus tres prioridades principales o actividades principales y cuánto tiempo estás dedicando a cada una. Si eres un profesional administrativo o estás gestionando la agenda de alguien más, esta puede ser información poderosa para compartirla con ellos y ayudarles a tomar decisiones sobre su agenda en adelante. Algunos programas como Google Calendar incluyen introspecciones automáticas *(insights)* acerca de tu tiempo que se desglosan según los colores que les has asignado a tus eventos. Cualquier información es buena cuando estás analizando tu tiempo; es útil ver dónde estás ahora y notar los cambios que sucedan cuando empieces a dedicar mayor o menor tiempo a algo.

Sundar Pichai, CEO de Alphabet, hace una revisión cada dos meses. Tiene una idea clara de las áreas principales de la compañía en las que quiere asignar un porcentaje de su tiempo, luego mira varios meses atrás en su agenda para confirmar si se lo ha dedicado a esos asuntos. Cualquier anomalía que resalte le permite dar un paso atrás y pensar: «¿Qué puedo hacer estructuralmente para asegurarme de distribuir mi tiempo como quiero?». Hacer esto cada dos meses le asegura no desviarse demasiado de cómo quiere distribuirlo.

Piensa que la revisión de tiempo es como escombrar tu clóset. Es muy refrescante deshacerte de las prendas que ya no te quedan, que están pasadas de moda o que nunca usas; hacerlo te ayuda a superar el *efecto dotación* de conservar ropa simplemente porque *ya* es tuya. Después de escombrar verás con claridad y te enfocarás en las prendas que te encantan. De la misma manera, después de hacer una revisión de tu tiempo tendrás espacio para comenzar a reconciliar la plantilla de tu agenda ideal, que hiciste en el capítulo 5, con tu agenda actual. Si mantienes esta mentalidad de base cero («Si hoy fuera de compras, ¿me llevaría esta camisa?»), puedes preguntarte sobre tu agenda: «¿Realmente agregaría una hora semanal a reunirme con esta persona a partir de hoy?», «Si recibiera un correo para unirme a este comité hoy, ¿me inscribiría?».

Si se realiza con cualquiera de los enfoques sugeridos anteriormente, o también con uno ajustado a tus propias necesidades, la revisión es una herramienta invaluable para deshacerse de los asuntos que absorben más tiempo del que deberían. Aun gestionando tu tiempo y tu esfuerzo tan bien como esto, a veces simplemente no hacemos las cosas en el momento que les asignamos. A veces postergamos asuntos, y cuando vuelven a surgir, los volvemos a postergar. La procrastinación es algo en lo que todos caemos en algún momento. A continuación, comentaremos algunas formas fáciles para superar este mal hábito, así como maneras para anticipar la procrastinación con el fin de evitar que suceda del todo.

PRÁCTICAS DE PRODUCTIVIDAD

▲ Elige un enfoque para examinar tu agenda con la mentalidad de revisión del tiempo.

▲ Dedica treinta minutos o menos a revisar tu tiempo y analiza el total de este que dedicas por asunto en promedio a la semana.

▲ Sugiere y haz cambios con base en los resultados, aunque sean pequeños.

▲ Vuelve a revisar luego de cierto periodo y pregúntate: «¿Fue la decisión correcta?». Haz cambios de acuerdo con tu respuesta.

CAPÍTULO

7

CÓMO VENCER LA PROCRASTINACIÓN

Aun con los mejores planes, en ocasiones agregamos lo mismo una y otra vez a nuestras listas, y sigue siendo un asunto que no sucede. Todos hemos visto ese elemento permanente que se arrastra y se arrastra día con día o semana tras semana. Digamos, por ejemplo, que quieres elaborar un nuevo módulo de capacitación para enseñarles a otros algo que has dominado. Llevas aplazándolo en tus listas diarias y semanales e incluso has reservado tiempo para ello, pero por alguna razón no lo has hecho. ¿Te suena? No seas tan severo contigo mismo; a todos nos pasa. Aquí compartiremos algunas tácticas y estrategias para evitar la procrastinación.

TU HUMOR DEL FUTURO

Como comentamos en el capítulo 4, no todos los periodos son iguales. Si le asignaste un bloque diario de las 2:30 a las 3:30 p. m. a crear este nuevo módulo, pero sucede que esa es tu hora de menor energía en el día, estás preparando el terreno para no hacerlo o para no realizarlo tan bien.

La mejor manera de evitar la procrastinación es asegurándote de asignar el trabajo adecuado al bloque de tiempo adecuado.

Si te sientas a hacer una tarea y parece que estás en un bote remando a contracorriente, no es el momento adecuado. Echa un vistazo a los pendientes que permanecen en tus listas y pregúntate: «¿Cuándo es mi tiempo o cuál mi humor *ideal* para hacer esto?». Date permiso para *no* hacer algo, aprende de ello y toma nota de los patrones. Cada vez que planeaba algo que requería mucha energía una vez que mis hijos se iban a dormir, nunca tenía ganas de llevarlo a cabo porque no estaba de humor. Simplemente, en la noche nunca tuve puntos de energía suficientes para hacer algo difícil para mi cerebro. Ahora que lo he aprendido, ya no agendo tareas en ese periodo; más bien me aseguro de tener tiempo para ellas en otros momentos de mi día. Aprende a delegar esa tarea a uno de tus yoes del futuro que tendrá el entusiasmo para realizarla.

AJUSTAR ESA TAREA A TUS TEMAS DIARIOS

Como comentamos en el capítulo 3, es útil tener temas diarios. Con estos, tu cerebro se acostumbra a revisar ciertos asuntos en determinados momentos y esto deja menos espacio para pensar «¿En qué debo trabajar hoy?». Tener un tema por día o días asegura que revisarás esos asuntos al menos una vez por semana, además de involucrarte en la mentalidad de hacer varias cosas relacionadas con el mismo tema. Si diseñar una nueva capacitación es algo que quieres hacer, trata de agendarla el día cuyo tema sea afín a ella. Si estás tratando de incluir una nueva capacitación en tu día asignado para «tareas administrativas» o en tu día para «hacer llamadas de ventas a clientes externos», lo más probable es que te sea complicado hacer el cambio mental para esa tarea. Tal vez tengas un día con un tema parecido al contenido de la capacitación, por lo que luego de unas cuantas juntas o de responder a unos cuantos correos sobre el tema, quizá te sientas de mejor humor para dedicarle tiempo a la capacitación.

EL PORQUÉ DE LA PROCRASTINACIÓN

Para descubrir por qué estás postergando algo, primero debemos descubrir exactamente qué aspecto de la tarea está provocando que lo evites. Algunas de las respuestas podrían ser «Se siente abrumador», «No sé por dónde empezar», «Necesito más información para echar a andar motores», «Sé que me va a tomar mucho tiempo». En el ejemplo de la capacitación, tal vez sea que nunca habías diseñado una. Timothy A. Pychyl, autor de *Solving de Procrastination Puzzle: A Concise Guide to Strategies for Change* (Resolver el rompecabezas de la procrastinación: breve guía con las mejores estrategias para vencer el hábito de postergar), menciona que en una tarea hay siete atributos que nos pueden hacer más propensos a procrastinar:

1. Es aburrida.
2. Es frustrante.
3. Es difícil.

4. Es ambigua.
5. No está estructurada.
6. Carece de una recompensa intrínseca (no es divertida).
7. No es significativa.

Cuantos más de estos atributos tenga la tarea, más probabilidades tenemos de resistirnos mentalmente a ella y evitarla. Si puedes identificar cuáles de estos atributos tiene determinada tarea, podrás decidir cómo moverla para un mejor momento. Podemos ver algunos ejemplos en la siguiente tabla.

TAREA	ATRIBUTO DE PROCRASTINACIÓN	CÓMO DARLE LA VUELTA
Gastos mensuales	Aburrido	Ver televisión mientras lo hago.
Impuestos	Frustrante	Hablar con un profesional para pedir ayuda.
Escribir un libro	Difícil	Investigar los primeros pasos de esta tarea en sí.
Alistar a mi equipo para el próximo año	Ambiguo	Escribir tres resultados al tenerlo listo y enfocarme en uno de ellos para comenzar.
Mejorar mi jardín	No tiene estructura	Buscar fotos de un jardín que me guste y descubrir por qué ➜ implementarlo.

Aprender a tocar el piano	Carece de recompensa intrínseca	Aprender mi canción favorita mediante un video para impulsar mi entusiasmo.
Ingresar las facturas del seguro para solicitar el reembolso	No es significativa	Hacer un plan completo de qué haré con el reembolso cuando llegue.

Al atinarle exactamente a qué de esa tarea te hace procrastinar, puedes reformular el desafío. Si hacer tus impuestos es aburrido, frustrante y no es significativo para ti, entonces puedes ver la televisión mientras organizas los documentos necesarios, contratar a un profesional en impuestos y hacer un plan de qué estás haciendo con el reembolso de estos para que te entusiasmes. Con estas tres acciones puedes cambiar por completo tus sentimientos hacia esa tarea o ese proyecto.

CINCO TÁCTICAS PARA SUPERAR LA PROCRASTINACIÓN RÁPIDAMENTE

Por muy esencial que sea explorar el *porqué* de la procrastinación para superarla y realizar proyectos más significativos, no siempre tendrás tiempo para determinar el motivo de cada asunto que estás postergando. ¡A veces la razón es simple y sencilla evasión! Aquí hay algunos consejos rápidos para superar la procrastinación tan pronto como surja:

1. **Queso suizo para empezar.** A veces basta con el tamaño de la tarea para sentirla abrumadora, y la parte más difícil de superar es el obstáculo de empezar. Si mi meta es correr diariamente, eso puede sentirse como algo enorme cuando la tarea implica levantarse a las 6:00 a. m. y correr cinco kilómetros. Así que pienso hacerle agujeros a la tarea o *dejarla como queso suizo* hasta que se vuelva más y más pequeña. Lo que quieres es encontrar el nivel en el que necesites menos energía para empezar, un punto en el que tu cerebro se sienta bien con ello.

   ▲ ¿Correr dos kilómetros mañana en la mañana? «Aún se siente abrumador».

   ▲ ¿Correr kilómetro y medio? «Eh... aún no me entusiasma».

   ▲ ¿Despertarme a las 6:00 a. m. para una caminata? «Todavía prefiero dormir».

   ▲ ¿Despertarme mañana y ponerme los tenis? «¿Solo eso? Claro, eso sí lo puedo hacer».

   Al reducir la tarea hasta algo con lo que mi cerebro se siente tranquilo, he disminuido el obstáculo mental de empezar. Si programo mi alarma, me despierto, me visto y me pongo los tenis, lo más seguro es que no me regrese a la cama, completamente vestida con todo y tenis. Tal vez incluso diga: «Está bien, iré a caminar, ya tengo los tenis puestos». Una vez que comience a caminar, quizá me ponga a trotar y una vez que esté trotando, quizá corra cinco kilómetros. Pero si estableciera cinco kilómetros como la meta, es probable que nunca me hubiera parado de la cama.

En mi ejemplo sobre elaborar el programa de capacitación, esto podría reducirse de «Diseñar una nueva capacitación» a «Solo abre un documento y haz la diapositiva del título». Hacer la diapositiva del título es divertido. ¡Solo es una diapositiva! Hacer una lluvia de ideas del título es creativo e interesante. Una vez que tengo el documento abierto, tal vez también pueda comenzar a elaborar el borrador del resto de la presentación.

En nuestra lista diaria o semanal querrás escribir la acción de forma que te provoque entusiasmo hacerla, de otro modo, solo te quedarás mirando la tarea en el papel. Nota la diferencia entre escribir «¡Hacer una diapositiva nueva y llamativa con el título de la capacitación!» y «Nueva capacitación». La primera acción es factible y algo que sé que a mi yo del futuro le entusiasmará, mientras que la segunda se siente abrumadora.

2. **Actúa como tu propio asistente.** Como he mencionado, empezar es lo más difícil tratándose de algunas tareas más grandes. Una forma de ayudar a tu cerebro es separando la *preparación de hacer algo* del *acto de hacerlo*, y delegar la primera a tu yo asistente, lo cual ayuda a romper la barrera de la procrastinación.

Por ejemplo, desde hace tiempo había querido pintar una maceta en el centro de una mesa que está en la entrada de mi casa. Es de madera rústica y quería pintarla de blanco. Pasé cerca de la maceta tres o cuatro veces por día, cada vez que salía al pórtico. Era algo que de verdad quería hacer y resultaba molesto, ¿por qué no podía simplemente hacerlo? Finalmente, un día al salir al pórtico con mi taza de café, pensé: «Si fuera la asistente de alguien y quisiera que mi jefe tuviera esto listo mañana, ¿qué cambiaría para impulsarlo amablemente y hacerlo más fácil?». Entonces, salí a la cochera, tomé la pintura, una brocha y una toalla, y puse el material junto a la maceta. Eso fue todo. Luego me metí a la casa. Pero más vale que me crean cuando les digo que al día siguiente, estando ahí, pensé: «Ay, bueno, la pintura ya está ahí, qué más da si me pongo a pintar». ¡Funcionó como magia!

En el ejemplo de la capacitación, pude haber abierto un documento de diapositivas, dejar algunas con ilustraciones divertidas y relevantes, y encontrar una plantilla como ejemplo de una capacitación similar, y luego apagar la computadora. A la mañana siguiente habría allanado el terreno para empezar esa capacitación fácilmente. Ahora uso esta estrategia (canalizar mi yo asistente) para todo tipo de tareas en el trabajo y en casa. Si quiero hacer *muffins* en la mañana, saco el molde adecuado y algunos ingredientes, y los pongo en la barra de la cocina antes de irme a dormir. Olvida la idea de ponerte a hacerlo sí o sí, porque eso nos bloquea. En su lugar, emplea a tu yo asistente para preparar las circunstancias con las cuales tu yo jefe (alias tu yo del futuro) podrá llevarlo a cabo.

3. **Detente a la mitad.** Cuando estás trabajando en una tarea más grande y continua que no se puede completar de una sola sentada, por lo general se siente bien descubrir un punto natural para detenerse, como el final de un correo o el de una sección del proyecto. Te alejas en ese punto, y lo dejas descansar hasta la próxima vez que trabajes en él, cuando empieces una nueva sección. Irónicamente, eso genera *otro* punto de partida que tu cere-

bro tiene que superar. Es como si estuvieras comenzando una gran tarea de nuevo. Como alternativa, parar *a la mitad* de algo facilita volver a involucrarte en lo que estás haciendo y recomenzar, porque ya sabes qué hacer a continuación.

Por ejemplo, durante mis bloques de escritura para este libro, traté de nunca parar al final de un capítulo, porque para el siguiente bloque de escritura tendría que comenzar con una página en blanco y un capítulo completamente nuevo. En vez de esto, siempre paraba a la mitad de cada uno o al menos comenzaba una página nueva con un título y algunas notas que esbozaban el siguiente capítulo para que fuera más sencillo retomar y fluir por completo. Si estás trabajando en un proyecto de múltiples pasos, trata de parar en un punto en el que tu cerebro ya sepa qué es lo siguiente a realizar. Tal vez puedes comenzar escribiendo el borrador de ese siguiente correo para alguien, aun si no tienes tiempo de terminarlo y enviarlo, porque la próxima vez que retomes la tarea puedes empezar justo donde paraste y entrar en el *flow* de escribir. Similar a la ventaja de enviar un orden del día para una junta o crear la lista diaria la noche anterior, puedes reflexionar en el punto medio de algo mientras no lo estás haciendo, y tal vez se te ocurra una idea nueva o adicional que no habías pensado.

4. **Ponle tiempo.** Parte de convencerte de hacer una tarea que necesitas hacer es debatirte con la ilusión de cuánto tiempo realmente te llevará terminarla. ¿Alguna vez has agregado algo a una lista de pendientes semana tras semana tan solo para darte cuenta de que la tarea fue tan sencilla que pudiste *ahorrarte* tiempo con solo llevarla

a cabo y tacharla de tu lista, en comparación con la cantidad de tiempo que pasaste escribiéndola una y otra vez? Esa es una de las razones por las que sugiero los «pendientes rapiditos» en mi lista diaria, porque obliga a tu cerebro a identificar y completar tareas (las que te toman cinco o diez minutos), en vez de evadirlas. En tu lista diaria, o cualquier lista de pendientes, también puedes escribir el tiempo que calculas que te tomará. Por ejemplo:

- Borrador de la publicación para la página web de búsqueda de *roomies* – 7 minutos
- Completar el entrenamiento de ventas – 22 minutos
- Leer el artículo de ayer sobre el ámbito – 9 minutos

Asignar una duración específica a cada tarea disminuye tus probabilidades de aplazarla si te das cuenta de que tienes esa cantidad de tiempo disponible. Si cuentas con treinta minutos libres, pero realmente no quieres hacer la capacitación de ventas, te costará más trabajo convencerte de no realizarla, porque sabes que es factible durante ese lapso. Gran parte de aumentar tu productividad implica ser bueno en estimar cuánto tiempo te tomará un pendiente, porque te permite asignar tareas con más eficacia. Si no eres particularmente diestro en eso, comienza a hacer un inventario consciente de cuánto tiempo te toman tus pendientes, de modo que afines tu habilidad para planearlos.

Una buena herramienta para ayudarte a percibir, cuantificar y controlar tu tiempo es determinar con certeza cuánto te toma realizar cada tarea cotidiana (de preferencia alguna que detestes) y usa ese lapso como una unidad de medida comparativa. Dos de mis tareas menos favoritas de casa son guardar los platos del lavavajillas y barrer la cocina. Sentía que siempre detestaba o evitaba esas tareas por el «Ash» de ir a contracorriente cada vez que tenía que hacerlas. Así que un día usé el temporizador mientras vaciaba el lavavajillas. Me tomó cuatro minutos, ¡cuatro! Y ya. Probablemente pasé más minutos de mi día pensando en lo mucho que no quería hacerlo. Con este nuevo conocimiento cambié mi rutina matutina. Ahora bajo a la cocina cuatro minutos antes de lo que solía y comienzo guardando los trastes del lavavajillas. Eso agrega tan solo cuatro minutos a mi rutina matutina, y enseguida supero el estrés una vez que lo cuantifiqué. Después de un cambio tan exitoso en mi mentalidad, decidí calcular el tiempo que pasaba barriendo toda el área del primer piso. Me tomó ocho minutos. Nada más. Ahora trato de encontrar espacios de ocho minutos a lo largo de la semana para esa tarea. Mi pasta favorita se cuece en ese tiempo, por lo que es un momento ideal para barrer el piso. Mi esposo dice que estará listo para salir de casa en más o menos cinco minutos, que ya sabemos que serán diez, otro momento ideal para barrer el piso. Ahora se ha vuelto una especie de juego. Dos tareas que padecía y evitaba por completo se reformaron porque cuantifiqué lo que me tomaba realizarlas.

5. **Programa una junta para responsabilizarte.** Por lo general somos más responsables con los demás que con nosotros mismos. Por eso muchas personas buscan algún amigo con quién hacer ejercicio o se unen a un club

de lectura para leer más. Si establecemos una fecha límite arbitraria que solo nosotros conocemos, es más probable que la pasemos por alto que si alguien más está contando con nosotros. Si programas una junta en la que menciones tu fecha límite autoimpuesta y, por lo tanto, alguien más esté involucrado en el proceso, la presión de tus colegas puede impulsarte a llevar a cabo tu tarea. Por ejemplo: si estoy esperando elaborar esa nueva capacitación que he mencionado, incluso *antes* de comenzar a diseñarla, invitaría a alguien a una junta programada cerca de la fecha en que quiero terminar. «Hola, Dominic, me gustaría reunirme contigo por treinta minutos en esta fecha para que me des retroalimentación sobre mi nueva capacitación». ¿Acaso ya empecé a elaborarla? No, pero créeme que ahora que esta junta forma parte de mi agenda, y ahora que Dominic aceptó y está entusiasmado, es *mucho más* probable que termine la capacitación a tiempo para poder enviársela. Esto lo hace más real. En especial cuando estés trabajando en algo tú solo, encuentra una razón para agendar una junta o revisión, o prométele a alguien que le enviarás aquello; es una de las mejores formas de asegurar que lo harás.

Junto con las técnicas de automotivación que he delineado en este capítulo, hemos aprendido que determinar *por qué* estás postergando una tarea es absolutamente crucial para superar la procrastinación. Pero tan importante como el *porqué* es el *cuándo* lo harás (o, más bien, cuándo no lo harás). Si bien es útil llevar a cabo algunas tareas que has estado postergando con la ayuda de estas técnicas, sigue siendo importante que priorices tiempos de descanso y entiendas por qué no hacer nada a veces lleva a hacer más a largo plazo.

PRÁCTICAS DE PRODUCTIVIDAD

- Identifica una tarea que has estado postergando y pregúntate qué tema diario y hora del día serían los mejores para hacerla y agéndala.

- Averigua cuáles de los siete atributos de la procrastinación tiene y trata de darles la vuelta.

- Deja esa tarea como queso suizo, hasta reducirla a su forma más pequeña posible y escríbela así al hacer tu lista de pendientes, incluyendo el tiempo que calculas que te tomará.

- Contrátate como el asistente de tu yo del futuro y haz los preparativos necesarios para realizar la tarea.

- Agenda una cita con alguien antes de comenzar una tarea que debes hacer tú solo para revisarla y responsabilizarte de ella ante el otro.

- Identifica una tarea rutinaria que detestas y calcula el tiempo que tardas en hacerla. Usa ese dato para dejar de evadirla e integrarla a tus actividades del día.

CAPÍTULO

8

CÓMO LOS TIEMPOS DE DESCANSO IMPULSAN EL TIEMPO PRODUCTIVO ÓPTIMO

E̲n las 5C de la productividad que mencionamos en la introducción, el inicio de un nuevo bucle o idea comienza con *calma*. Cuando estás en calma y dejas que tu cerebro descanse, surgen ideas nuevas. A estos momentos les llamaremos *tiempos de descanso*. El tiempo de descanso es la decisión intencional de no hacer nada, reposar o hacer algo que relaje tu cerebro, lo cual es sumamente importante para tu productividad en general.

---◆---

Para lograr tu tiempo productivo óptimo, debes priorizar tus tiempos de descanso.

---◆---

Cuando doy conferencias sobre productividad a grupos grandes, les pido que cierren sus ojos y piensen en los dos lugares donde se les ocurren sus mejores ideas. Luego les indico que los escriban y levanten la mano si su lista incluye una de estas situaciones:

- ▲ ¿En la regadera? (Más o menos la mitad del grupo).
- ▲ ¿En el transporte público o mientras conducen? (De un tercio a la mitad del grupo).
- ▲ ¿Mientras hacen algo que no tiene nada que ver con su trabajo, como cocinar o ver jugar a sus hijos, haciendo ejercicio o paseando al perro? (Más o menos la mitad del grupo).
- ▲ ¿En la décima junta del día? (Escucho grillos... y no veo ninguna mano levantada).
- ▲ ¿Estando completamente inmerso leyendo correos? (Más grillos...).

Este ejercicio ilustra que esos momentos de calma, de descanso, de tiempo personal son de los momentos más importantes para la productividad. Solíamos pensar que los tiempos de descanso eran opuestos al tiempo productivo, pero ahora sabemos que ambos son relevantes para el desempeño general, así como para el bienestar. Es imprescindible que asignes tiempo para ambos en tu agenda. Esos momentos de calma son lo que te llevan a la siguiente C de las 5C: *crear*. Al abrir un espacio en tu agenda para *calmarte*, comienzas a *crear*. Nota aparte: las respuestas a este ejercicio también demuestran la importancia de tener a la mano una lista de captura, como comentamos en el capítulo 3; una lista a la que puedas acceder desde la regadera o cuando estás cocinando o paseando al perro (con dispositivos que se activan con voz). Si no capturas el bucle que creaste en tus momentos de calma, es prácticamente imposible asegurar que se cierre o se lleve a cabo.

EXACTAMENTE, ¿QUÉ ES LA CREATIVIDAD?

La creatividad puede significar muchas cosas, pero en el ámbito laboral con frecuencia tiene que ver con establecer puentes. Es pensar en dos (o más) ideas al mismo tiempo que antes no habías conectado. Y es virtualmente imposible que se encienda tu cerebro activo (ese que te impulsa a realizar tus pendientes y cerrar bucles) al mismo tiempo que tu cerebro tranquilo y reflexivo (ese al que se le ocurren nuevas ideas creativas y abre bucles). Esto funciona igual que dos personas usando radioteléfonos: si quieren tener una conversación, no pueden hablar al mismo tiempo; una tiene que guardar silencio para escuchar a la otra. Debes dejar de aceptar reuniones para ese día o de trabajar en ese gran proyecto o de revisar tu correo; solo así puedes generar y poner atención a las ideas que van a resolver ese problema. Hay una diferencia entre pensar *acerca de* algo y pensar *en* algo. Y eres tú quien tiene que crear ese espacio para que suceda.

El espacio en tu agenda se traduce en espacio en tu cabeza. Tienes que priorizar una para obtener la otra.

Nadie en absoluto verá tu agenda y dirá: «Oh, parece que ella podría necesitar más tiempo para pensar y hacer lluvias de ideas en su agenda. No voy a pedirle esta junta porque tal vez estará mejor descansando y generando nuevas ideas que reuniéndose conmigo; apuesto a que preferiría dar un paseo por la tarde, así que no voy a agendarle esta junta después de la comida...». Esto jamás sucederá, tienes que hacerte el tiempo tú mismo. ¿Y cuál es la mejor manera de crear más tiempo libre en tu agenda? Simplemente tómalo.

JUSTIFICAR LOS TIEMPOS DE DESCANSO

Como mencioné en la introducción, con frecuencia la productividad se mide según los números de los resultados y los pendientes tachados. ¿Qué tanto hice ese día? ¿Qué tantos pendientes tachamos de nuestra lista? ¿Cuántos puntos se completaron o cuántas juntas tuvimos? Tal como «estar ocupado» no equivale a «ser importante», tampoco significa que estar ocupado sea siempre «ser productivo».

Si eres el gerente o líder de un equipo, te exhorto a ampliar tu panorama cuando revises los resultados de tus empleados. Lo que hagan en un día no necesariamente es el único indicador, o incluso uno bueno, de qué tanto generan y ejecutan a grandes rasgos. Si le pides a un empleado de ventas que realice cierto número de llamadas por semana, lo cual le tomará casi todo su tiempo, ¿tendrá algún momento de calma para reflexionar, repensar y descubrir una nueva forma para hacer propuestas de estas ventas en sus llamadas o desarrollar estrategias nuevas para sus clientes? Establecer una meta de ventas mensual (en lugar de semanal) tal vez promueva este tipo de creatividad, pues les permitiría establecer el cómo y el cuándo para hacer esas llamadas. Evalúa por trimestre y no por día; quizá el periodo enero-marzo remplace la jornada de ocho horas. Del mismo modo, cuando a lo largo del año los empleados se toman vacaciones para desconectarse en serio, cada que regresan se notan rejuvenecidos y frescos, lo que los hace mejores empleados en el *macronivel* de ese año (aun si no están trabajando en absoluto durante esos días de vacaciones). Tomarse un tiempo fuera ayuda a recargar los puntos de energía para usarlos en el trabajo y en la vida.

Los tiempos de descanso no tienen que verse como *horas* de tiempo bloqueadas en tu agenda o como sabáticos extensos. No tienes que agendar tres horas para sentarte en silencio ni tomarte seis meses. En vez de ello, estructura pequeños lapsos de descanso intencionales, como uno o dos días de vacaciones, o incluso una pausa de veinte minutos al día. Hacer esto te permite procesar la información que has absorbido y que tus pensamientos comiencen a hilarse. Bañarse toma menos de diez minutos; sin embargo, continuamente se cita como uno de los principales momentos para generar ideas. Los tiempos de descanso pueden contemplar salir a almorzar *sin* tu computadora ni teléfono, o una caminata saliendo de trabajar para desestresarte e, incluso, una sesión de ejercicio antes de ir a la oficina.

EL SILENCIO ES ORO

Algunos de estos momentos de descanso pueden combinarse con otros (como comer con los colegas), pero la clave para llegar a tus mejores pensamientos creativos suele ser estar *solo* y *en silencio*. Puedes estar llevando a cabo una tarea que no requiere la parte activa de tu cerebro (tejer, caminar, lavar los platos, bañarte), lo cual le deja tiempo a tu cerebro para que divague.

Debes tener al menos una hora de silencio despierto durante tu día. Incluso 15 minutos aquí y allá suman.

Cuando tuve a mi primer hijo, leí *The Montessori Baby: A Parent's Guide to Nurturing Your Baby with Love, Respect, and Understanding* (El bebé Montessori: una guía parental para nutrir a tu bebé con amor, respeto y comprensión), de Junnifa Uzodike y Simone Davies, en el que sugieren que, durante el día, los bebés deben tener al menos una hora de silencio estando despiertos para que puedan procesar todos las nuevas sensaciones y objetos que están conociendo. Suelo pensar que ese principio debería aplicar para los adultos también. Llenamos nuestros momentos de descanso con tanto ruido: pódcast, audiolibros, redes sociales en nuestros teléfonos, seguimiento de noticias, etc. Todo esto ciertamente tiene su lugar, pero cuando lo acumulamos sin pausas, resulta en muchísimo ruido. Muchas personas constantemente buscan estímulos que mantengan sus cerebros activos y en modo de absorción, sin darse tiempo para dejar que permeen en sus cerebros pasivos y en modo de generación de ideas. ¡Deja que tu cerebro se aburra! Es lo mejor que puedes hacer para tu propia creatividad (y salud mental). La segunda regla de las cuatro que Cal Newport establece en *Deep Work: Rules for Focused Success in a Distracted World* (Trabajo profundo: reglas para el éxito enfocado en un mundo distraído) es «acoge el aburrimiento». Una gran cantidad de investigaciones, incluyendo los resultados que arrojó un estudio a doble ciego que se publicó en 2014, sugiere que las actividades aburridas incrementan la creatividad. A veces hay más valor en treinta minutos de silencio que lo que hay en otro pódcast más.

SÉ AUDAZ

A mí me gusta pensar en momentos de descanso como el café recién hecho. Siempre puedes ir a tu tienda local y comprarte un café de máquina, ya preparado y listo, que es la forma más rápida. El café tiene buen sabor y cumple con su función. Sin embargo, también tienes la opción de ordenar y pedir uno recién hecho. Aunque toma unos cuantos minutos más que el agua permee entre los granos molidos, es tan delicioso, robusto y potente que por supuesto que vale la pena esperar ese tiempo extra. Este café es equiparable a tu visión y generación de ideas y a tu creatividad. No elijas la modalidad «tómalo y llévatelo» al tener montones de juntas y sorber de la ajetreada cafetera industrial todos los días. Asigna tiempos de descanso en tu agenda y espera a que permeen las deliciosas, robustas y potentes ideas. Vale la pena.

Piensa en la productividad como una banda elástica. Tienes que estirarla para lanzarla con la mayor potencia. No puedes avanzar a máxima velocidad todo el tiempo. Todos tenemos agendas que varían semana tras semana, algunas con mayor descanso y otras con más intensidad. A mí me gusta llamar a esto *intervalos de altibajos*, que son semanas en las que se alternan cierres y aperturas de bucles. Es un ciclo en el que las semanas de descanso te brindan ideas, energía y el reposo necesario para la próxima semana pesada. Si hay alguna semana que es un poco más ligera, ¡disfrútala!

El proceso de identificar, proteger y mejorar la calidad de tu tiempo de reposo es crucial para mantener la creatividad que alimenta tu trabajo y tu productividad; asimismo, como comentaremos en el siguiente capítulo, la disponibilidad de ese tiempo se ha complicado por el hecho de que hoy en día muchos de nosotros no trabajamos en el mismo lugar diariamente, o incluso en el mismo tipo de actividad durante cierto día. En los espacios de trabajo dinámico e híbrido, encontrar y mantener tus tiempos de descanso resulta más fundamental que nunca.

PRÁCTICAS DE PRODUCTIVIDAD

▲ Pregúntate cuándo y dónde piensas tus mejores ideas. Luego echa un vistazo a tu agenda, ¿cuánto de ese tipo de tiempo has marcado en ella?

▲ Piensa en el resultado de las personas que gestionas o con las que trabajas a macronivel. ¿Tienen la libertad de usar momentos de descanso como tiempo productivo y operan con eficiencia?

▲ Asigna una hora de silencio a tu día, incluso si son bloques de diez minutos aquí y allá. No te pongas a escuchar un pódcast o a revisar tu teléfono cada vez que tienes un momento de transición o de ocio. Más bien deja que tu cerebro absorba toda la información que procesas en el día.

PARTE III

Dónde hacerlo

CAPÍTULO

9

UBÍCATE

Cuando nuestro horario de trabajo era el mismo cada día (trasladarte a la oficina y trabajar en la misma ubicación, más o menos durante las mismas horas), nuestros cerebros no tenían tiempo para hacer muchos ajustes. Era un patrón reconocible y nos facilitaba entrar en nuestra modalidad laboral cada día. Trabajar desde casa durante la pandemia fue un cambio enorme, pero después de unas cuantas semanas se volvió un patrón nuevo al cual nos adaptamos. Requirió que reescribiéramos nuestra «normalidad», pero una vez que nos acostumbramos, nuestros cerebros y nuestras rutinas se asentaron.

El trabajo *híbrido*, cuando a veces estamos en casa y otras en la oficina, en un horario que puede cambiar semana tras semana, es un juego completamente nuevo. Por primera vez en la vida tenemos que entrenar a nuestros cerebros a operar en dos (o más) ambientes radicalmente diferentes, con horarios variables e incluso diferentes tipos de actividades. Algunas personas podrían argumentar que el trabajo híbrido puede sentirse como si desempeñaran dos puestos diferentes. La planeación y la intención se han vuelto aún más importantes cuando tratas de coordinar horarios y de decidir el mejor lugar para hacer cierta tarea con otros colegas. Los siguientes consejos te ayudarán tanto en el trabajo híbrido como en el trabajo en casa o en oficina.

OPTIMIZAR TU AGENDA PARA CONECTAR Y ENFOCARTE

Cuando la pandemia nos obligó a muchos a trabajar desde casa, surgieron dos grupos distintivos de personas: maratonistas y velocistas.

Rápidamente, algunos individuos tenían más tiempo que nunca, porque de pronto ya no lo perdían en el transporte o en viajes. Este es el grupo al que llamo *maratonistas*; estaban trabajando del amanecer al anochecer, en el mismo lugar cada día, con el riesgo de llegar al agotamiento en el camino.

Al otro extremo, los que llamo *velocistas* eran los que tenían menos tiempo que nunca. Con frecuencia sus hijos estaban en casa, algunos trataban de aprender a distancia, y tal vez una pareja o un *roomate* que también trabajaba en casa. Tenían que hacerlo entre las siestas de los hijos o comidas, y en breves ráfagas de actividad a lo largo del día. Rara vez trabajaban en el mismo espacio por más de unos cuantos minutos. Mis consejos para estos dos grupos durante la pandemia fueron radicalmente opuestos.

De la misma manera, con la transición al trabajo híbrido, otros dos grupos distintivos de personas se autoidentificaron: personas que estaban decepcionadas porque sentían que estar en casa les había ayudado a enfocarse (como los jugadores de beisbol que se quedan en la base) y las personas que sentían entusiasmo de regresar a trabajar porque se sentían más productivos afuera, en la oficina (como los jardineros del beisbol).

Con estas nuevas reflexiones acerca de nuestras propensiones (¿y las de nuestros colegas?) con respecto al trabajo en casa o en oficina, podemos maximizar nuestra productividad afinando nuestros horarios y espacios personales de trabajo con base en lo que esta tabla sugiere:

EL QUE SE QUEDA EN LA BASE (PERSONA QUE SE ENFOCA MEJOR EN CASA)	EL JARDINERO (PERSONA QUE SE ENFOCA MEJOR EN EL TRABAJO)
▲ Programa grandes bloques de tiempo para los días en casa que no tengan interrupciones.	▲ Programa grandes bloques de tiempo en la oficina que sean de concentración y sin interrupciones.
▲ Mueve cualquier junta (incluso virtual) a un día en la oficina, si es posible.	▲ Mueve tus juntas, cuando sea posible, a días en que estarás en casa (aun si la junta pudiera ser en persona en la oficina, está bien asistir virtualmente por el bien de aprovechar tu tiempo de concentración).
▲ Arregla tu espacio de oficina en casa para reducir al mínimo las distracciones (sin teléfono, audífonos, a puerta cerrada, monitor extra, etc.).	
▲ Considera un horario en casa que favorezca la concentración (una sesión de ejercicio a mediodía, iniciar temprano en la mañana, almuerzo tardío para mantener el impulso matutino).	▲ Arregla tu oficina para reducir al mínimo las distracciones: audífonos grandes o una pequeña lámpara en tu escritorio que le indique a tus colegas que estás concentrado; monitores extras; reserva una oficina o sala de juntas si es necesario.

▲ Planea que los días en la oficina sean de más dispersión y ten una lista de pendientes rapiditos que se puedan lograr en pequeñas ráfagas de tiempo de concentración en esos días.	▲ Planea que los días en casa serán de más dispersión y ten una lista de pendientes rapiditos que se puedan lograr en pequeñas ráfagas de tiempo de concentración en esos días.
▲ No desperdicies tus días en casa con tareas insignificantes o correos rápidos que pueden esperar hasta el siguiente día en la oficina.	▲ No desperdicies tus días en la oficina con tareas insignificantes que pueden esperar hasta el siguiente día en casa; prioriza los grandes proyectos que necesitan tiempo de concentración.
▲ Prioriza proyectos grandes que necesitan tiempo de concentración.	▲ Si puedes elegir, ve a tu oficina en días libres de juntas y con mayores momentos de concentración.
▲ Si puedes elegir, que los días de oficina sean días llenos de juntas, incluso virtuales.	

Reconocer *dónde* nos enfocamos mejor nos permite desarrollar nuevas rutinas y nuevos lugares para hacer mejor nuestro trabajo.

AJÚSTATE A TUS CIRCUNSTANCIAS

No todos trabajamos en modalidad híbrida. Algunos estamos en casa de tiempo completo y otros hemos regresado a la oficina en horario completo. En algunos casos, quienes aman trabajar en una oficina (¡aún siguen siendo jardineros de beisbol!) tienen un trabajo totalmente remoto y ahora se encuentran todo el tiempo en casa. Recientemente, mi esposo (un verdadero jardinero) acaba de cambiar a la modalidad remota y descubrió que le costaba más esfuerzo enfocarse en casa. No tenía la opción de ir a una oficina, pero empezó a encontrar formas de *salir* e imitar un ambiente de oficina; por ejemplo, una cafetería, centros para *coworking* o incluso la biblioteca. Ha creado ritmos para él que son similares al trabajo de oficina: se levanta, se viste con ropa de oficina y se dirige a cierto lugar para trabajar durante el día; eso le funciona para sentirse más productivo.

Del mismo modo, si eres de los que se quedaban en la base y tienes que regresar a la oficina de tiempo completo, tal vez quieras llevar contigo aquello que amas de trabajar en casa. Si es la habilidad de enfocarte sin chismear, considera usar audífonos, pedir una oficina o reservar una sala de juntas para que puedas realizar trabajo de concentración. Si es la flexibilidad de horarios, habla con tu gerente acerca de trabajar a tus ritmos naturales, incluso si eso significa llegar a diferente hora cada día. Sin importar cuál es tu situación, identificar primero si eres base o jardinero te puede ayudar a ajustar tu horario para aprovechar de la mejor manera tu situación laboral.

COLABORACIÓN EN LUGARES DE TRABAJO HÍBRIDOS

Si bien un horario híbrido significaría dividir tu tiempo entre múltiples ubicaciones como trabajador individual, también puede significar colaborar con una mezcla de colegas y lugares (remotos, híbridos, en persona, virtuales).

Esto presenta nuevos desafíos para trabajar de manera productiva y colaborativa como equipo. En el transcurso de mis mentorías he visto a líderes y equipos adoptar las prácticas que enlisto a continuación para facilitar una colaboración más fluida, sin importar dónde y cómo esté trabajando su equipo:

1. **Comunica dónde estás.** Esto parecería obvio, pero surgía consistentemente cuando trabajé con grupos en los inicios del trabajo híbrido. La gente estaba trabajando desde diferentes oficinas algunos días, desde casa en otros, sin dejar completamente en claro en sus calendarios dónde estaban. Esto dificultaba conjuntar horarios con los miembros del equipo, sobre todo cuando montones de empleados tenían que jugar una especie de ¿Dónde está Wally?, averiguando dónde estaba cierta persona y en qué días. Por eso yo fomento tomarse el tiempo para marcar el calendario con tu ubicación y mantenerla actualizada. Bloquea tu horario para compromisos personales, traslado entre oficinas y las otras pequeñas cosas que te mantienen no localizable por momentos. Revisa y actualiza tu agenda cada semana con el detalle con que revisarías un estado de cuenta bancario que podría presentar discrepancias.

2. **Establece las reglas de compromiso.** Tal como múltiples ineficacias pueden escalar en una organización y provocar problemas, establecer reglas básicas primordiales que debe seguir todo el equipo u organización puede escalar positivamente y lograr que la comunicación fluya. Abajo muestro ejemplos de reglas de compromiso que he constatado que funcionan.

   Como equipo:

   ▲ Programamos todas las juntas entre Asia y EUA los martes en la noche o los miércoles en la mañana cuando sea posible.

   ▲ No agendamos reuniones los viernes para tener un espacio de trabajo de concentración.

   ▲ Todos vamos a la oficina los miércoles.

   ▲ Enviamos mensajes instantáneos solo cuando es urgente o hay una petición para ese mismo día; si no, enviamos un correo.

   ▲ Cualquiera puede modificar todos los eventos del calendario para moverlos y cambiarlos sin necesidad de enviar correos adicionales.

   ▲ No enviamos correos los fines de semana.

3. **Nivela el campo de juego.** Otro impactante aspecto de trabajar desde casa es el hecho de que todos están confinados al mismo tamaño en una pantalla. Esto nos iguala en reuniones o *chats* grupales, alentando a quienes tal vez no se sentarían en la gran mesa de la sala de juntas. Tratar de conservar esta consistencia puede ser

útil ahora que probablemente haya personas en la oficina, personas en su computadora y personas en casa u otros lugares remotos. Muchas plataformas de reuniones virtuales ofrecen la oportunidad de que todos escriban en el espacio de comentarios o en el pizarrón virtual, aun si físicamente están presentes en la sala de juntas. Si a tu equipo le encanta levantar la mano únicamente en juntas virtuales, asegúrate de alentarlo a que hagan lo mismo si están presentes físicamente. Incluye intencionalmente a aquellos que no están haciendo preguntas directas en la sala principal: «Josh, ¿tú qué piensas?».

4. **Crea un espacio para la convivencia social.** Como muchos equipos durante la pandemia, el mío realmente echaba de menos el contacto social con sus compañeros. Teníamos montones de juntas uno a uno a lo largo de la semana, pero descubrimos que era ineficiente tratar de incluir tiempo social en cada una. Yo tenía una reunión con Beth y Michelle y le contaba a Michelle acerca de mi fin de semana, lo cual Beth ya había escuchado. De pronto me di cuenta de que cada junta estaba repleta de anécdotas repetitivas y comentarios para ponernos al día que estaban invadiendo nuestro muy necesario tiempo de reunión.

Con esto en mente, nuestra compañera Vivian creó una junta semanal destinada únicamente a socializar durante una consistente media hora los miércoles. Aliviaba la presión que todos teníamos de ponernos al día con los demás en diferentes foros, durante los fines de semana o cualquier otro momento. Podíamos usar otras juntas para asuntos laborales e incluso acortarlas 10 o

15 minutos, porque sabíamos que a media semana teníamos otro tiempo asignado para conectar.

Sin embargo, no hay nada más rígido que una reunión social virtual, en la que solo se les instruye a las personas que conversen (y, desde luego, ¡cualquier junta de la cual soy parte debe tener un orden del día!), así que también elaborábamos un programa semanal para mantenerla divertida e interesante. Después de una ronda en que cada persona actualizaba lo que estaba pasando en su vida personal, cada reunión semanal tenía un tema diferente. Algunos ejemplos incluían:

- Día de traer a tu mascota y presentarla.

- **MTV Cribs:** Danos un recorrido por la habitación preferida de tu casa.

- **Septiembre de autocuidado:** Cada semana nos enfocábamos en algo diferente, nuestros mejores consejos para la salud mental, física, espiritual y emocional.

- **Artículos favoritos de una tienda de marca:** Cada semana hablábamos de un proveedor diferente, Trader Joe's, Costco, Target y Aldi.

- **Mes de enseñar una habilidad a los demás:** Cada semana una persona diferente guiaba la reunión y mostraba alguna habilidad como coser, elaborar guirnaldas o preparar cocteles.

- **Día de las recetas fáciles:** Todos llevábamos y compartíamos una receta que se podía preparar en treinta minutos o menos.

▲ **Un libro en un minuto:** Se trataba de resumir en un minuto tu libro favorito de no ficción y lo que te había enseñado, y nos turnábamos.

Esta junta se volvió tan popular y útil que la seguimos haciendo, aunque muchos de nosotros nos vemos en persona hoy en día. Ponernos al día cada semana aseguró que quienes trabajábamos virtualmente estuviéramos actualizados y nos sintiéramos incluidos y sin necesidad de socializar en cada junta; esto llevó a la colaboración espontánea y al surgimiento de nuevas ideas relacionadas con el trabajo. Treinta minutos a la semana de interacción social tomó mucho menos tiempo que tratar de socializar durante los primeros diez minutos de cada junta a lo largo de la semana.

5. **Asimila la falta de sincronicidad.** El hecho de que ya no estemos en el mismo lugar, al mismo tiempo, también puede obligar a repensar los flujos de trabajo. Utilizar herramientas como documentos colaborativos y *chats*; programar correos por enviar durante las horas de trabajo del receptor de acuerdo con su zona horaria; brindar dos alternativas para una junta de todos los equipos de modo que puedan asistir individuos en diferentes zonas horarias; trasladar una lluvia de ideas a un pizarrón virtual al que las personas pueden acceder en su propio horario, en vez de platicar junto al dispensador de agua mientras llenas tu vaso... Todos son ejemplos de cómo asimilar la nueva forma de trabajo.

Recuerda que el trabajo híbrido es, en todos los sentidos, una forma *diferente* de colaborar. En el marco del pensamiento de base cero, solía decirles a mis clientes: «Imagina que te acaban de despedir de tu puesto actual y luego, ¡felicidades!, te vuelven a contratar para el mismo puesto, excepto que trabajarás parcialmente desde casa y deberás colaborar de modo híbrido con un equipo que estará en diferentes ubicaciones. Con esta nueva mentalidad laboral, piensa en cómo puedes adentrarte en tu puesto y abordarlo desde una perspectiva fresca». El hibridismo es una nueva forma de trabajar y debe tratarse como tal.

Para muchos de nosotros, el trabajo híbrido llegó para quedarse y las estrategias y técnicas que aquí describo te ayudarán a adaptarte y prosperar en este contexto. No obstante, sin importar qué tan bien planeemos y nos organicemos, gran parte de nosotros (nuestro cerebro) puede o no adaptarse fácilmente a cambios y flujos como estos. En el siguiente capítulo hablaremos acerca de cómo facilitar esos ajustes.

PRÁCTICAS DE PRODUCTIVIDAD

- ▲ Analiza tus hábitos laborales y pregúntate dónde te concentras mejor. Básate en la tabla de este capítulo para adaptar tu agenda y espacio de trabajo.

- ▲ Pídele a tu equipo que haga esta misma autoevaluación. Usa sus respuestas (y tus propias observaciones) para encontrar reglas de compromiso para las juntas y la comunicación en tu equipo con el fin de aprovechar bien los horarios de trabajo híbrido.

- ▲ Decide dónde y cómo sucederá la colaboración social dentro de tu equipo. Foméntala con una junta virtual o compromisos sociales semanales en donde todos estén en la oficina.

CAPÍTULO

10

LUGARES CONDUCENTES Y NO CONDUCENTES

Cuando siento a mi hijo de 1 año en su periquera, ¿por qué empieza a babear incluso antes de que empiece a preparar la comida? Me encanta pensar que es porque soy una excelente cocinera, pero la realidad es que su cerebro ha aprendido correctamente a asociar la periquera con comida; esa conexión cerebral dispara un cambio físico consistente con sus glándulas salivales.

Asimismo, ¿por qué oyes hablar de muchos autores que escribieron todo un libro sentados en el mismo lugar? ¿O por qué algunas personas escuchan la misma pieza de música clásica para enfocarse o quedarse dormidos? O, por el contrario, ¿por qué tantos de nosotros tuvimos dificultades para hacer el cambio de trabajar en la oficina a trabajar desde casa al inicio de la pandemia? Todo esto se debe a la misma razón: un estado de dependencia.

Estado de dependencia se refiere al hecho de que nuestros cerebros absorben mucho más que solo lo que estamos haciendo. También reciben aspectos del contexto, por ejemplo, dónde estamos, qué olemos, qué oímos... Esa información se almacena en ellos y la asociamos con lo que estamos pensando o haciendo en ese momento.

La memoria funciona igual. En 1975, se les pidió a dos grupos de deportistas de buceo profundo que memorizaran una lista al azar de 36 palabras de dos y tres sílabas. Un grupo de buceadores las memorizó en tierra; el otro, bajo el agua. Antes de pedirles que repitieran las palabras de memoria, la mitad del grupo que había memorizado bajo el agua subió a la superficie; la otra mitad se quedó sumergida. Quienes repitieron la lista de palabras en el mismo entorno en el que las memorizaron tuvieron el índice más alto de aciertos.

LUGARES CONDUCENTES

Cuando admitimos que nuestro cerebro asocia ciertos lugares con ciertas tareas, podemos usar estas tendencias a nuestro favor. ¿Alguna vez te has preguntado por qué no te tomaba tiempo estar listo para trabajar cuando ibas a la oficina todos los días? Es porque muchas otras condiciones se alineaban antes de que siquiera encendieras tu computadora: te trasladabas a la oficina, caminabas hacia tu escritorio, platicabas con tus compañeros de cubículo, servías tu taza favorita con café... Todos estos elementos forman parte de un contexto que nuestro cerebro asocia consistentemente con trabajar *todos los días*. Estos elementos ya estaban arrancando motores antes de que siquiera te sentaras frente a tu escritorio. No es de sorprender que fuera tan fácil para tu cerebro pensar en los pendientes laborales y se pusiera a trabajar; tampoco es indiferente que a muchos se nos complicara entrar en la modalidad desde casa, cuando no teníamos ninguno de esos elementos que nos prepararan.

Puedes usar esta tendencia humana a tu favor creando lugares físicos conducentes para cierto tipo de trabajo. Esto se puede hacer si estás en múltiples ubicaciones en la modalidad híbrida o incluso si trabajas en el mismo lugar todos los días, como tu casa o la oficina.

> **Elegir ubicaciones específicas para tareas específicas te ayuda a fluir con ellas.**

La asociación tarea-ubicación podría verse así:

- ▲ Siempre hago la relación de mis gastos en la cómoda silla que da a la ventana de mi oficina en casa.
- ▲ Siempre leo artículos de diseño de productos en la cafetería cercana a mi casa en mis días de *home office*.
- ▲ Siempre comienzo el día leyendo las noticias de mi ámbito desde mi celular en el balcón de mi casa.
- ▲ Siempre respondo a mis correos a primera hora en la mañana, con una taza de café en mi escritorio.
- ▲ Siempre programo durante mis días de *home office* con ayuda de mis dos monitores.
- ▲ Redacto contenidos en mi oficina a puerta cerrada.

Lo que estamos buscando es relacionar estos elementos con la plantilla de agenda ideal que hiciste en el capítulo 5, para que al decidir qué tipos de tareas debes hacer en casa o en la oficina tomes en cuenta los momentos de concentración que prefieres. Una vez que tienes una idea general de cuáles serán tus temas por día, dónde estarás y en qué te enfocarás, puedes decidir con detalle dónde te sentarás a hacerlo. Claro que no tiene que ser así cada vez, pero mientras más consistente seas, más fácil será para tu cerebro concentrarse para esa tarea específica en ese lugar específico.

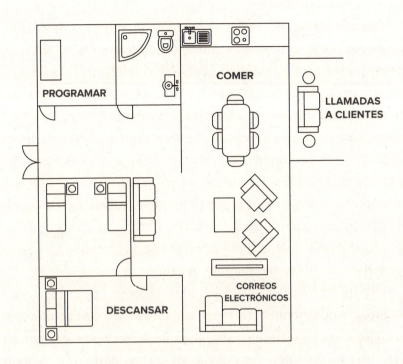

LUGARES NO CONDUCENTES

Si sentara a mi hijo en su periquera de vez en cuando para leerle cuentos o darle sus juguetes y luego lo sacara sin haberle dado de comer, su cerebro dejaría de asociar la periquera con la comida. Ahora él pensaría: «Quién sabe por qué estoy en esta silla... ¡Podría ser para cualquier cosa!»; entonces, la conexión directa con la comida se perdería. Por eso resulta tan importante conservar ciertos lugares para ciertas actividades y no mezclarlas.

Tal como es importante ubicar tus lugares conducentes, debes ubicar los que no lo son con el objetivo de ayudar a tu cerebro a no pensar acerca de ciertos asuntos cuando estás en determinados lugares. Esto conservará tu bienestar emocional y estimulará tu habilidad para relajarte.

Cuando a tantos de nosotros nos obligaron a trabajar desde casa, tal vez para muchos se sintió como si viviéramos en la oficina todo el tiempo. Durante la pandemia, exhorté a mis clientes a que trataran el trabajo como cualquier otra visita en casa. Si tus suegros llegaran a tu casa sin que los invitaran o se quedaran unos días de más, ¿cómo lidiarías con eso? Podrías establecer límites, podrías darles su propio espacio. No convivirías con ellos todas las noches hasta que te quedaras dormido ni los invitarías a pasar a tu recámara a las seis de la mañana. Sin embargo, eso es lo que estamos haciendo con nuestro trabajo cuando revisamos el correo en cuanto abrimos los ojos y trabajamos hasta la hora de acostarse, lo cual sucede cuando dormimos con nuestros teléfonos al lado.

Mi papá ha trabajado en casa desde 1996, antes de que fuera algo común. En toda mi niñez, no tengo un solo recuerdo de él trabajando en los espacios comunes familiares. Recientemente le pregunté cómo es que logró mantener tan buenos límites. Me dijo que, cuando empezó a trabajar en casa, no tenía otra opción. No había wifi, así que tenía que estar conectado a la entrada del *ethernet* y, antes de eso, solo tenía una computadora de escritorio. Ahora puede llevar su *laptop* a otros lugares de la casa, como a la alberca, y enviar correos desde ahí, pero una vez que estableció el comedor y la cocina como espacios para convivir con su familia, se conservaron como sus lugares donde no se trabaja (sus lugares no conducentes).

Cuando mi esposo, nuestros hijos y yo nos mudamos a nuestra nueva casa, teníamos un extraño espacio en la recámara principal con el que no teníamos idea de qué hacer. No era lo suficientemente grande para hacer una sala, pero tampoco lo suficientemente pequeño para poner una mesa. Con el tiempo colocamos un sillón con algunas cobijas, un estante y una cafetera. Rápidamente mis hijos lo adoptaron como el «rincón cómodo».

El rincón cómodo es donde me tomo una taza de café antes de que mis hijos se despierten (lo cual es, en mi opinión, la clave de oro para los padres). Es donde leo libros y revistas o medito. Es donde mi hija me encuentra en la mañana al despertarse y trae su propio libro. En el rincón cómodo no hay un reloj (pongo alarmas en mi teléfono al otro lado de la recámara para cuando necesite saber que ya llegó el momento de hacer algo más). Con frecuencia me descubro llevando mi *laptop* ahí para terminar algunos correos o mi celular para revisar redes sociales, pero me resisto, porque ni una sola vez que me he sentado en ese sillón mi cerebro ha pensado activamente en el trabajo, en el estrés o cualquier otra cosa que no sea relajarme. ¿Por qué arruinarlo? Para mí es tan fácil desestresarme en esa esquina y por eso me encanta.

Necesitas esos espacios seguros en tu vida y, desafortunadamente, tener dispositivos donde puedes tener acceso desde cualquier parte ha puesto en riesgo esos santuarios. Debes tener la intención de diseñar esos espacios. Encuentra uno o dos lugares en tu vida (un espacio físico, en un momento del día recurrente) donde lo único que hagas sea *relajarte*. Tal vez sea mientras te trasladas, cuando nunca contestas llamadas o lees correos y solo escuchas un audiolibro o música (¡o vas en silencio!). Tal vez sea tu sala o recámara. Nunca permitas que entren tus asuntos estresantes y fíjate lo sencillo que será relajarte y desconectarte estando ahí. Aun si anteriormente los límites de tus ubicaciones se difuminaron, puedes volver a comenzar, reentrenar a tu cerebro a no esperar más que relajación en estos rincones específicos.

CREA CONSISTENCIA

Como mencionamos en el capítulo 9, tener un horario de trabajo híbrido a veces puede sentirse como si desempeñáramos diferentes puestos en distintos lugares. Si nuestro trabajo incluye viajar a diferentes lugares cada semana, puede ser difícil entrar en una rutina de lugares conducentes y establecer horarios. Es posible ayudar a tu cerebro con estas transiciones identificando algunas tareas que haces cada día de la semana (sin importar dónde estés trabajando).

Por ejemplo, si los días que tienes que ir a la oficina tu traslado es de las 8:15 a las 9:00 a. m. y escuchas un audiolibro en el camino, sal a caminar y escucha tu audiolibro durante ese mismo lapso en los días en que trabajas desde casa. Si siempre caminas después de comer, también hazlo después del almuerzo en los días de oficina. ¿Siempre te tomas un café en las tardes cuando vas a la oficina? Trata de hacer lo mismo en el hotel cuando viajes. Este tipo de indicios te ayudan a mantener el *flow* y la consistencia de tu día laboral, sin importar en dónde estés. Además, crean el ambiente para que el día sea productivo y te mantienen enfocado en el trabajo.

Tal como identificas tus lugres no conducentes, también puedes crear una rutina para los días en que no trabajas, con el fin de estimular a tu cerebro a relajarse y a pensar en diversión. Tal vez puedes hacer *hot cakes* los sábados en la mañana, o tomarte el tiempo para usar tu máquina de capuchinos los fines de semana. Si tienes hijos, les encantará tener costumbres que indican que algo es diferente ese día, en contraste con los días de escuela o días hábiles.

MANTENTE EN EL *FLOW* DONDEQUIERA QUE VAYAS

En el contexto del trabajo híbrido, las técnicas que describo en este libro (como tematizar tus días, agrupar tus juntas y planear intencionalmente la lista diaria) se vuelven aún más importantes. Echa un buen vistazo al formato de tu agenda del capítulo 5 y pregúntate:

- ▲ «¿Tiene sentido bajo la perspectiva del trabajo híbrido?».
- ▲ «¿Hay un tema para cierto día que tal vez convenga más estando en la oficina o con más colegas?».
- ▲ «¿Debería cambiar mi tiempo de traslado según lo que sé sobre mis horas pico, o sea, hacer trabajo que requiere concentración de siete a nueve de la mañana, en casa, y después conducir al trabajo?».

Una vez que hayas identificado qué tipos de tareas te gusta realizar en cierto lugar, encauzarás tus listas diarias y semanales con un poco más de precisión. Andar de un lado al otro, semana tras semana, o trabajar con colegas que están en diferentes ubicaciones aumenta la importancia de tener certeza sobre estos puntos.

Piensa que identificar tus lugares conducentes y no conducentes, agrupar y planear con anticipación son las herramientas que ayudan a tu cerebro a adaptarse a un horario de trabajo híbrido exitoso. Saber dónde y cómo trabajas mejor, aunado a la intención de qué hacer en qué lugar, allana el terreno para el éxito sin importar tu ubicación u horario.

PRÁCTICAS DE PRODUCTIVIDAD

- Elige *lugares conducentes* para las tareas de tus tres prioridades principales. Por ejemplo: «Siempre respondo a correos de mis clientes sentado en la silla de mi oficina». Comienza a entrenar a tu cerebro para asociar esas ubicaciones con aquellas tareas.

- Elige *lugares no conducentes*, es decir, lugares en los que no trabajas intencionalmente. Comienza a usar esas ubicaciones únicamente para relajarte.

- Crea una consistencia en tus días laborales. Lleva a cabo unas cuantas rutinas que usualmente realizas sin importar dónde estés trabajando ese día.

- Usa la *perspectiva híbrida* para revisar tu agenda, basada en qué días debes estar en ciertos lugares y qué temas y categorías estableciste para tus días semanales. ¿Tienen sentido? ¿Te ayudan a fluir con tu energía? Haz los ajustes necesarios.

PARTE IV

Cómo hacerlo bien

CAPÍTULO

11

LÍMITES EN EQUILIBRIO

Ya identificaste las tareas más importantes (*qué*). Ya identificaste tus horas pico para realizar tus asuntos (*cuándo*). Ya sabes cómo acomodar esas horas en tus nuevas ubicaciones híbridas y lugares específicos (*dónde*). Ahora que ya estableciste todo esto, la pieza final es asegurarte de actuar con excelencia dentro de esos nuevos parámetros. En este punto la gente suele pensar en eficiencia, cuando en realidad se relaciona con productividad. ¿Cómo puedo realmente llevar a cabo mis tareas de la mejor manera posible?

Una enorme parte para lograrlo comienza con la forma en la que trabajas con los demás. Nadie opera en una burbuja, así que necesitas un plan para acomodar tus preferencias de prioridades y tiempo al trabajar con los otros. Mucha gente cree que debe elegir entre ser «una de esas personas» (esas que piden ver el orden del día, no asisten a cada reunión a la que son invitadas, dicen que no a solicitudes o proyectos nuevos), o bien, ser alguien que tiene capital social y es considerado amigable, accesible y respetable. ¡No tienes que elegir una o la otra! Puedes ser ambas. Puedes ser alguien que protege su tiempo y que es intencional con respecto a cómo lo distribuye, pero de una manera amable que promueva la colaboración y fomente el respeto mutuo.

Una vez me encontré con mi colega y amigo Mark en una de nuestras oficinas de Nueva York, que ambos estábamos visitando. Me dijo: «¡Hola!, ¡qué gusto verte! Me encantaría ponerme al día contigo pronto, así que solicitaré tiempo en tu agenda y, desde luego, te enviaré un orden del día con anticipación».

Justo ahí pensé que *lo había logrado*, que el hecho de que Mark aún quisiera ponerse al día conmigo, que disfrutara trabajar conmigo y que se mantuviera en contacto después de tantos años de no estar en el mismo equipo demostraba que yo era lo suficientemente amigable para ser una persona con la cual trabajar. En parte gracias a sus buenos comentarios sobre mí fue que me ascendieron de puesto. Pero él *también* conocía mi estilo de trabajo y mis altos estándares con respecto a una distribución de tiempo eficiente. Yo construí mi marca como alguien que no aceptaba juntas si no había un orden del día: ¡esa era exactamente la marca que quería! Y logré asentar eso como uno de mis límites.

Tal vez se te ocurran razones por las que no puedes establecer o conservar límites. Por ejemplo: «Soy dueño de mi propio negocio», «Tengo que estar disponible», «Acabo de empezar en mi trabajo desde abajo» o «Debo tomar lo que pueda conseguir». Si bien algunos de estos puntos pueden ser ciertos, piensa en establecer límites muy lentamente, un paso a la vez. Yo trabajé con una clienta que aceptó un trabajo nuevo cuyo predecesor le comentó que había servido en la noche, durante los fines de semana y en sus vacaciones. Ella no estaba cómoda con eso, aunque era el estándar que se había establecido antes de que ella llegara. Hubiera sido extremista que entrara a su nuevo puesto con un estilo de trabajo radicalmente diferente, así que adoptó un enfoque gradual para establecer sus límites. Como al principio se estaba acostumbrando a sus nuevas actividades, sí respondió correos y mensajes directos fuera de su horario laboral. Después de algunas semanas, comenzó a esperar una o dos horas para responderlos y a decirles a las personas con las que trabajaba que estaba cenando con su familia y que respondería cuando terminara. Lentamente, eso dio pie para que respondiera este tipo de cuestiones inmediatamente a la mañana siguiente, durante sus horas de trabajo. En sus primeras vacaciones revisó sus correos una vez al día, pero eso se redujo, poco a poco, a una o dos veces durante la semana en que no iba a la oficina. Después de un año, sus colegas ya la respetaban y además disfrutaban trabajar con ella, pero tuvo que ir cambiando pacientemente las expectativas de su puesto para que se volviera algo que funcionara con sus *límites personales*. Al año siguiente la ascendieron; probablemente se debió al tiempo y energía que le estaba dedicando a su trabajo y también a los beneficios de tener momentos de descanso y desconexión.

Piensa en alguien que conoces que haya establecido un límite contigo; lo más probable es que lo respetes *por* eso. Por ejemplo, mi fotógrafa favorita me dijo muy amablemente que solo tomaba fotografías familiares los martes y jueves, y que los fines de semana trabajaba en bodas. Me habría encantado que viniera el fin de semana, pero también respeto que ella tiene otra forma de distribuir su tiempo. La confianza (y amabilidad) que tiene acerca de esto me demuestra que es profesional y que usa su tiempo con intención. Ciertamente, la seguiré contratando si toma buenas fotografías y apuesto a que serán mejores que las de alguien que las toma en cualquier momento en que se las soliciten. Estos límites que la fotógrafa impone la han mentalizado a equilibrarse y a estar fresca al momento de editar; por lo tanto, el trabajo que entregue será mejor y ella será una buena fotógrafa que atraerá más clientes felices de ajustarse a sus horarios.

Gran parte de mis asesorías se enfocan en cómo dirigirte hacia algo así, lo cual puede ser especialmente desafiante para las personas que están comenzando un trabajo nuevo o tratando de aligerar sus agendas. ¿Cómo mantenerte colaborativo, amigable y disponible con tus equipos y colegas mientras evitas vivir en *sus* mundos y priorizar su lista de pendientes sobre la *tuya*? Es un equilibrio delicado, pero se puede lograr.

¿CUÁLES SON TUS TRES LÍMITES?

Además de «¿Cuáles son tus tres prioridades principales?», una de las primeras preguntas que hago cuando comienzo a trabajar con un cliente es «¿Cuáles son los tres límites que estableces para ti?». Muchas veces su reacción inmediata muestra cuánto tiempo el cliente ha dedicado a pensar en esto: o ya estableció sus límites o nunca se le había cruzado por la mente hacerlo. Algunos ejemplos de límites que otros se han impuesto y que además son realistas y funcionan muy bien son los siguientes:

- Todas mis juntas se realizan entre las 8:00 a. m. y las 4:00 p. m.
- Diario termino de trabajar a las 5:00 p. m. para recoger a mis hijos.
- Diario saco a pasear a mi perro a la hora de la comida.
- Todas mis juntas son de lunes a jueves y programo el trabajo que requiere concentración para los viernes.
- Hago juntas de *networking* durante una semana cada trimestre.

Establecer límites no quiere decir que nunca se traspasen, pero debería implicar que los mantienes el 80% del tiempo o más. Incluso mantenerlos el mayor tiempo posible hace una gran diferencia. Tal como hablamos en el capítulo 4, implementar este cambio en cualquier medida tendrá un efecto positivo. El solo hecho de enlistar y definir tus límites ayuda a que reflexiones acerca de qué es lo más importante para ti y resalta qué te dará el mayor retorno de inversión con respecto a cómo distribuyes tu tiempo y energía. No todos tenemos los mismos límites, así que definir los tuyos es fundamental.

EN EL LADO POSITIVO

Durante diez años di clases de *barre* y me enfoqué en entrenar usando un lenguaje positivo a través del micrófono. Decirle a alguien «Deja de doblar la rodilla» requiere que esa persona piense y delibere mucho más que si simplemente le dices: «Estira la pierna». Usar lenguaje positivo le da a tu cerebro una sola cosa en la que concentrarse: qué *debes* hacer. He visto cómo esto funciona en incontables maneras, tanto en mi *coaching*, como en las interacciones laborales e incluso como madre de familia («¡No grites!» vs. «¡Silencio, por favor!»).

El puente entre los límites y la accesibilidad es la comunicación asertiva. La mejor manera de comunicar los límites consiste en enmarcarlos dentro de lo positivo. Te darás cuenta de que en todos los ejemplos anteriores el límite está resaltando qué *sí* hacer en contraste con qué *no* hacer. Considera enmarcar los tuyos de esta manera cada vez que los comuniques:

MARCO NEGATIVO DE LÍMITES	MARCO POSITIVO DE LÍMITES
No acepto juntas los viernes.	Acepto juntas de lunes a jueves.
No vemos televisión entre semana.	Vemos televisión los sábados y domingos.
No envío mensajes instantáneos fuera de mis horas laborales.	Estoy disponible para enviar y recibir mensajes instantáneos entre las 7:00 a. m. y las 5:00 p. m.
Esta semana no puedo conversar contigo para examinar tu carrera.	Puedo conversar sobre la carrera de alguien cada tercer jueves del mes.
No hacemos retratos familiares los fines de semana.	Para retratos familiares, estoy disponible los martes o jueves.
Termino de trabajar a las 5:00 p. m.	Estoy disponible para reunirme contigo después de las 5:00 p. m.
Por el momento no estoy aceptando clientes nuevos.	Comenzaré a aceptar clientes nuevos a partir de mayo.
No tengo tiempo durante la semana para una junta sobre este tema.	Los viernes en horario de oficina podemos tener una junta acerca de este tema.

¿Te das cuenta de cómo el mismo límite suena y se siente mucho mejor cuando se comunica desde el punto de vista positivo? Esto mantiene al receptor del límite enfocado en lo que *puedes* y harás, en contraste con lo que está fuera de los límites.

MANUAL DEL *TÚ*SUARIO

Una vez que estableces tus límites y los enmarcas en un lenguaje positivo, lo mejor es comunicarlos directamente para evitar tener que repetirlos cuando surge una situación. La mejor manera de promoverlos ampliamente es enlistarlos donde puedas; por ejemplo, en la página del perfil de la compañía, en tu firma de correo o en cualquier lugar de fácil acceso para las personas con las que trabajas. También puedes comunicar tus límites a los demás con frecuencia dentro de tu flujo de trabajo. Yo suelo rechazar invitaciones a juntas con una nota que dice: «¡Solo asisto a reuniones que envían un orden del día ☺!» (por lo general, agrego la carita feliz solo para reafirmar la amabilidad, pero esa es una decisión de estilo).

Los límites no son nada si no los comunicas ampliamente.

Algunos líderes de Google, incluido Urs Hölzle, vicepresidente sénior de Ingeniería, han hecho popular una especie de «Manual del usuario» o «Guía para trabajar conmigo». Urs explica su estilo de trabajo, sus preferencias para juntas y cómo le gusta que le pidan decisiones. Lo tiene publicado como un enlace en el perfil de su compañía y lo actualiza en todo momento para que los demás lo vean. Esta es una forma genial de eliminar dudas cuando trabaja con otros. Puedes demostrar claramente cuándo y cómo prefieres comunicarte (correo electrónico, mensajes directos, juntas o llamadas), así como tus prioridades actuales y tus límites.

Suelo comentar con mis clientes que cuando las cosas se ponen intensas, la presión pega en algún lugar. Si la gente te está enviando correos, pero estás atrasado en revisarlos, solicitarán tiempo en tu agenda. Si no tienes espacio en esta, te enviarán mensajes directos para obtener respuestas o decisiones. Si claramente defines tus preferencias de comunicación (digamos que no eres muy bueno para revisar tus correos y preferirías comenzar con una sincronización rápida de cinco minutos), te ahorrarías la dispersión de presión tan solo con comunicarlas en primer lugar. Yo siempre mantengo mi correo al día, pero me doy cuenta de que me abrumo cuando mi agenda tiene un exceso de compromisos, así que en mi lista de preferencias para comunicarme pongo en primera línea el correo. El estilo de trabajo y las preferencias comunicativas pueden ser un gran punto de partida para publicar o compartir con tus compañeros de equipo.

Si esta no es una práctica común en tu lugar de trabajo, comienza a compartir tus límites o preferencias de estilo de trabajo poco a poco, primero con tu equipo inmediato o con tu gerente. Durante una junta trimestral fuera de la oficina o una en equipo, pueden hablar acerca de qué los haría trabajar mejor juntos y qué individualmente. Elabora una lista de preferencias para los miembros de tu equipo; por ejemplo: «Kyle prefiere que le envíen un correo antes de agendar algo en el calendario», o «A Ma'ayan le gusta tener descansos de media hora entre juntas, de ser posible». Sugiere que estos límites o preferencias estén en un lugar visible para todos. Después de algunas semanas revisa qué tanto ha mejorado la comunicación y el flujo de trabajo.

MÁS GANANCIAS POR TUS PUNTOS DE ENERGÍA

Si bien es importante que tus límites sean realistas, es igual de importante dejar en claro que la gente puede acercarse a ti y que estás disponible para una reunión cara a cara y para colaborar dentro de esos límites. En muchas ocasiones, la ineficiencia viene de nuestros esfuerzos para estar disponibles. Podemos hacer más en menor tiempo y gastar pocos puntos de energía por mayor tiempo de colaboración.

1. **Horas de oficina.** Si notas que tienes un montón de reuniones que no son parte de tu ritmo usual, de tu grupo de trabajo normal o de tus tres prioridades principales, considera establecer horas de oficina semanales. Estas deben ser para los asuntos que entran más en la categoría de proyectos en los que te involucran (cuando te piden algo o te presionan para participar). Agéndalos en tus horas de energía baja. Si la gente que quiere una junta contigo está fuera de tus prioridades principales (como alguien que busca consejos para su carrera), probablemente se esfuercen por que esto suceda durante tus horas de oficina. Haz que estos periodos sean cortos en un inicio (tal vez de diez minutos). Elabora reglas para cuando estés en la oficina; por ejemplo, que debes recibir con anticipación cualquier material que quieran que revises, mínimo una o dos noches antes, o que cualquier persona con la facultad de tomar decisiones relevantes debe participar en la junta. Avisa a las personas que tengan necesidad de hablar contigo que tienes ciertas horas de oficina disponibles para cualquier momento en el que lo deseen. El simple hecho de establecerlas esclarece que estás disponible, ya sea que la gente aproveche ese tiempo o no, como el ejemplo del profesor universitario del capítulo 1.

2. **Agrupa juntas similares.** Otra manera de mantener tus límites es agrupar juntas recurrentes similares. Una

ejecutiva con la que trabajé se dio cuenta de que participaba en reuniones con diferentes grupos de ingeniería, pero al final todos tenían las mismas preguntas. Entonces, para ella era como tener la misma junta tres veces por semana, mientras que para los ingenieros era muy importante para obtener respuestas. Hicimos una lluvia de ideas de estrategias para simplificar sus reuniones y al final decidimos combinarlas en una sesión de preguntas y respuestas para ingeniería, en la que estos tres grupos podrían expresar sus dudas. Después de este cambio, descubrimos que muchos de los ingenieros tenían las mismas preguntas y que hacerlas en un grupo más grande les permitía incluso obtener y compartir más información y hacer lluvias de ideas juntos; al final, todos los equipos involucrados se beneficiaron y se liberó tiempo en la agenda de esta ejecutiva. Puedes aplicar esto mismo en tu propia agenda. Si tienes un gran número de juntas uno a uno, verifica si hay formas de consolidarlas en dos a uno o en cuatro a uno o incluso en muchos a uno. Tal vez descubras que estás teniendo dos juntas a la semana con un grupo de personas similares, excepto por uno o dos participantes. En este caso, ¿podrías hacer una sola junta, extenderla 15 minutos más, y tener una o dos personas extra que se presenten solo para la última parte? Sé estratégico sobre cómo puedes aprovechar tu tiempo al máximo.

3. **Acepta tener tiempos de juntas más breves.** A veces necesitas revisar asuntos con la gente, pero no siempre tienes que hacerlo por tanto tiempo como crees. Acepta tener una revisión de 15 minutos. Ábrete a acortar los tiempos de reunión establecidos, lo cual requerirá

que los presentadores sean más sucintos. La escasez genera innovación y disminuir tus tiempos de juntas es el ejemplo perfecto. Una de mis actividades favoritas, que además es muy común en Google, es la de las charlas relámpago, donde los presentadores tienen una diapositiva y tres minutos para mostrarle a la audiencia algo, convencer a los demás de su idea, practicar una propuesta de ventas o actualizar sobre un proyecto. El tiempo de las presentaciones se mide automáticamente para que a los tres minutos aparezca la siguiente diapositiva, por lo que te sacan del escenario. La audiencia tiene la instrucción de aplaudir con fuerza cuando se presente la siguiente diapositiva, para que los participantes sepan que es momento de irse. Resulta increíble lo mucho que se puede comunicar cuando el presentador sabe de antemano que solo tiene tres minutos para generar un impacto, porque se reduce la paja de sus presentaciones; elabora una sola diapositiva visualmente estimulante y compacta, que incluya solo los elementos más importantes. Quienes presentan tienen una sola oportunidad para generar un impacto y la aprovechan al máximo. Sin mencionar que la audiencia está más que involucrada porque la información es concisa y no les están pidiendo que escuchen nada irrelevante. Es parecido al estilo de los anuncios de televisión que *Plaza Sésamo* adoptó en sus inicios (los «comerciales» que promovían números y letras). Niños y adultos por igual sentían que era fácil consumir bocados pequeños y concentrados de información, en comparación al material largo y exageradamente complicado (en el capítulo 13 hablaremos más acerca de cómo tener juntas más breves).

4. **«Mientras hago esto».** Otra estrategia de hacer más en menos tiempo consiste en, cuando sea posible, realizar tareas mientras se está en una junta (siempre y cuando no te distraigan). Si normalmente das un paseo a mediodía, conviértelo en una oportunidad para ponerte al día con alguien. Si de todos modos necesitas tomar tu comida, pídele a alguien que ha solicitado hablar contigo que coman juntos. Si tienes que esperar en tu auto a que termine el entrenamiento de futbol de tu hijo, ¿puedes atender una llamada mientras tanto? Siempre debes estar pensando en lo que ya tienes que hacer y cómo puedes integrar otros asuntos al mismo tiempo.

Durante un tiempo, trabajé con un ejecutivo que acababa de unirse a Google con un puesto de reciente creación. Era gerente de equipos globales, en diferentes continentes, zonas horarias y áreas de negocios. Una revisión de su agenda nos mostró que estaba dedicando gran parte de su tiempo a tratar de conectar con miembros del equipo esparcidos por todo el mundo. Mantuvo las juntas que ya había establecido y agregó otras más a su agenda para poder conocerlos a todos. Se sentía desbordado, y aunque sus días estaban repletos de asuntos, no lograba atender sus prioridades principales.

Luego de examinar con más detalle su agenda, hicimos los siguientes cambios:

- ▲ En lugar de que un Noogler (un Googler nuevo) se reuniera con cada persona de su organización, los agrupamos en un almuerzo trimestral Noogler/Dave, lo cual transformó eficientemente las juntas uno a uno (cuatro horas y media) en una sola comida de una hora. De cualquier forma, la mayoría de las preguntas y conversaciones de los Nooglers eran similares; además, como ventaja adicional, los nuevos integrantes en la organización se conocían entre sí.

▲ En lugar de tener juntas uno a uno por toda su agenda con varios miembros de su organización, establecimos dos días al inicio del trimestre en los cuales las personas podían registrarse en periodos de 15 minutos para una junta con él, lo cual redujo el enfoque de la tarea a solo dos días y liberó el resto del tiempo de esas dos semanas.

▲ Redujimos su junta semanal con el equipo de dos horas a 45 minutos. Si bien esto se sintió como un cambio agresivo, queríamos cambiar radicalmente el ambiente de la junta para que la gente la sintiera como algo diferente. Él manifestó que el tiempo solía ocuparse con cuestiones que se podían hablar en otros foros, además de que ya tenía revisiones individuales semanales con cada persona de su equipo. La nueva junta tenía más lecturas anticipadas y periodos de presentación más cortos; acordamos un periodo de prueba de dos meses para ver qué tanto funcionaba.

▲ En vez de juntas mensuales con todo el equipo por país, decidimos cambiar su itinerario de viajes a una locación trimestral, y durante cada visita organizamos una junta de mayor duración con todo el equipo (que tuvo más impacto, porque era en persona y todos se aseguraban de que fuera su prioridad).

▲ Establecimos horarios de oficina cada viernes para cualquier reunión que no estuviera relacionada con su trabajo principal.

Cuando lo volví a ver unos meses después, el cambio había sido radical. Su equipo seguía sintiendo que se le destinaba el tiempo apropiado cara a cara con él (hizo una encuesta anónima con todos y las respuestas fueron positivas). Al mover estratégicamente algunas de sus juntas para que fueran en persona, en realidad comenzó a ver a su equipo aún más y seguía reuniéndose con los nuevos miembros durante los primeros meses de su llegada. Lo más importante es que era un mejor líder. Tenía más tiempo en su agenda para asuntos que quería impulsar a favor de su equipo. Estaba operando con eficiencia, todo gracias a la perspectiva de «más ganancias por tus puntos de energía» en los cambios de agenda que hicimos.

ES MÁS FÁCIL DECIR QUE NO CUANDO HAS ESTABLECIDO LÍMITES

Ninguna conversación sobre la importancia de establecer límites estaría completa sin reconocer que a veces simple y llanamente dirás que no. Y eso está bien. El capítulo 2 describe algunas tácticas geniales para cuando necesites decir: «Eso no funciona para mí».

Lo maravilloso de establecer límites claros comunicándolos deliberadamente es que dirás que no con mucha menor frecuencia. Al decirle a la gente directamente que las mañanas de mis viernes las designaba para trabajo que requería concentración y bloqueaba ese periodo en mi calendario, ya no tenía la necesidad de rechazar alguna junta en viernes, porque nadie la programaría. Al declarar en mi manual de usuario que prefería los mensajes directos únicamente para asuntos urgentes, casi nunca los tuve que ignorar o redireccionar; en su lugar, filtro esas solicitudes en mi correo, exactamente donde las prefiero.

Es útil hacer referencia a tus límites cada vez que alguien los traspasa, así dejas en claro por qué estás diciendo que no y es menos probable que vuelva a suceder. Puedes decir: «Como recordatorio, solo estoy disponible para juntas antes de las 7:00 p. m., por lo que no asistiré a esta» o «Como puedes ver en mi manual de usuario [hipervínculo], prefiero comenzar conversaciones por correo antes de tener una junta; entonces, por favor, envíame tus pensamientos al respecto y responderé, después veremos si necesitamos reunirnos para hablar. ¡Gracias!».

Establecer límites hace que negarse sea un asunto menos personal. No es que esté diciendo que no a esta junta *en específico*, sino a cualquier junta después de las 7:00 p. m. No es que esté ignorando *tu* mensaje fuera de horas de oficina, sino que, desde que empecé a trabajar aquí, dije específicamente que respondo a mensajes instantáneos durante mis horas de trabajo, de 8:00 a. m. a 5:00 p. m. Los límites estructuran y protegen tanto las relaciones laborales como tu propia claridad mental.

Desde luego, junto con esos límites debe haber un poco de flexibilidad. (Si un gerente sénior te pide una reunión en un horario en el que preferirías no tener juntas, lo más probable es que reacomodes tu agenda para asistir) y siempre habrá asuntos que no puedas controlar con respecto a tu agenda. El punto es tener algunos límites y preferencias para lo que sí puedes controlar. Si alguien que te ve como su mentor te pide reunirse contigo, serás flexible al pedirle que coman juntos si ya planeaste un descanso para comer, en vez de abrir otro periodo de treinta minutos en tu agenda. Al igual que con la plantilla de agenda ideal que comentamos en el capítulo 5, la meta es enfocarte en lo que sí puedes controlar y aprovechar esto al máximo. Todas las compañías y culturas son diferentes, así que, si los límites y las preferencias no se practican usualmente, presentar algunos de estos conceptos será un proceso que tenga que llevarse a cabo paso a paso. Ahora tienes el lenguaje y las herramientas para comenzar este tipo de conversaciones.

Establecer límites de manera clara y concienzuda es crucial para proteger tu tiempo, energía, atención y capacidad intelectual. Límites claros y que se expresan directamente les permiten a tus colegas colaborar de manera más exitosa contigo, y a ti, trabajar con la mayor eficiencia y creatividad posible. Cómo planeemos el tiempo y el espacio que esos límites protegen no solo requiere instituir las prácticas y técnicas para tus listas y agendas que hemos comentado en los capítulos anteriores. La planeación realmente adecuada tiene sus propios beneficios.

PRÁCTICAS DE PRODUCTIVIDAD

- ▲ ¿Cuáles son tres límites que tienes contigo? Decláralos en positivo.

- ▲ Escribe un manual del *tú*suario «Cómo trabajar conmigo» y compártelo ampliamente o al menos con tus compañeros de equipo y colegas.

- ▲ Examina tu agenda y descubre cómo ganar más por tus puntos de energía: combina, abrevia o reacomoda juntas en la medida de lo posible.

- ▲ Cuando digas que no, haz referencia a tus límites o a tu manual de usuario para que los demás tengan el hábito de conocerlos.

CAPÍTULO

12

UN PLAN PARA PLANEAR

Muchas personas sienten resistencia cuando oyen la palabra *planeación*. Esta puede provocar una sensación de falta de espontaneidad, una idea de pasar incontables horas planeando comidas, o tal vez solo parezca tedioso y frustrante. Quizá no te percibas como un planeador, pero planear no tiene que ser doloroso. Piensa que es algo por lo que entusiasmarse, prepararse y ¡sacar lo mejor de los días de tu trabajo y de tu vida!

A lo largo de las primeras partes de este libro compartí muchas tácticas. Tácticas para hacer listas, tácticas para refinar tu agenda, tácticas para establecer tus días. Hemos hablado del qué, del cuándo y del dónde hacer, pero lo único que puede eficientizar todo esto es planearlo con anticipación. Tan importante como cualquier táctica o herramienta o estrategia en sí es cómo la ejecutas. Ejecutar tus pendientes es la C de *cerrar* de las 5C de la productividad y, posiblemente, ¡la más importante! La mejor manera de asegurarte de que estás cerrando todos estos bucles cuando dices que lo harás es planear (pensar en el proceso, prepararte para la acción) con anticipación. Planear es mucho más que escribir puntos o simplemente echar un vistazo al futuro próximo. Es un ejercicio de energía. Es crucial para actuar con intención. Planear en el último minuto (un esfuerzo de un solo día) es una fórmula para el desastre. Planear y preparar antes de que suceda son acciones fundamentales para el éxito porque planear es el vínculo directo con tu yo del futuro. Por eso, tomarte unos cuantos minutos la noche anterior para diseñar tu plan hora por hora (como el que presentaré a continuación) hace una gran diferencia.

Cada día empieza en la noche anterior.

PLAN HORA POR HORA

MARTES
(HOY) < > 30 DE ABRIL DE 2024
(28) OFICINA

7:00 a. m.	Meditar / Alistar a los niños para la escuela
8:00 a. m.	Dejar a los niños en la escuela / Revisar correos
9:00 a. m.	Junta de 1 h
10:00 a. m.	Responder correos / Hacer llamadas
11:00 a. m.	Horas poderosas / Trabajar en la propuesta de proyecto
12:00 p. m.	Horas poderosas / Escribir resumen para gerente

1:00 p. m.	Ordenar correos / Comida y leer correos
2:00 p. m.	Junta de 1 h
3:00 p. m.	Junta de 30 min / Llamadas de ventas externas
4:00 p. m.	Ejercicio / Bañarme
5:00 p. m.	Revisar correos / Conducir a casa
6:00 p. m.	Hacer tacos para cenar
7:00 p. m.	Hora de dormir / Comenzar proyecto de bordado

Tiempo para impregnar

Cualquiera puede decidir a las 4:00 p. m. que quiere pollo para cenar. Claro, puedes salarlo, agregar especias y ponerlo en el sartén. Pero ¿qué tal si lo hubieras planificado desde el día anterior para que se marinara mientras dormías y pudieras prepararlo para la cena de esta noche? Planear tus comidas antes de tiempo hace que tus alimentos tengan mucho mejor sabor y las disfrutes más. Un poco de intención y uno o dos pasos más de preparación hacen una gran diferencia en el producto final. Además, mientras dejas que el marinado se impregne, tienes oportunidad de anticipar y soñar acerca de lo delicioso que sabrá en la noche. O ¿qué tan divertidas serían unas vacaciones si te dijera que te vas esta noche y tienes que empacar ya, en vez de decirte que dentro de un mes te irás a Fiyi? En el primer ejemplo, tienes la oportunidad de elegir tu traje de baño, ver fotos de Fiyi, planear una sesión de esnórquel y emocionarte. Si bien un viaje espontáneo tiene su valor, uno planeado con anticipación permite que la emoción crezca. Las cosas simplemente son más ricas cuando se planean, sea la cena, unas vacaciones o tu día.

Planear agrega valor a tus tareas porque las dejas impregnar. En el capítulo 3 hablamos sobre la lista diaria y cómo puede ser útil analizar con detalle lo que necesitas hacer. Sin embargo, mucho del valor de la lista diaria reside en hacerla la noche anterior. Te mentaliza para el día siguiente, porque cuentas con 10 o 12 horas de preparación para tus deberes. Si agrego un elemento a mi plan por hora para el siguiente día a las 10:00 a. m., ya sé que estaré trabajando en ello en ese momento. Para las 9:59 a. m. me toparé con mucha menos resistencia, cuando es tiempo de hacer la transición a esa actividad, porque ya estoy preparada. Ya me hice a la idea de que estaré trabajando en ella e incluso tal vez ya tenga una lluvia de ideas sobre qué quiero realizar para completar esa tarea. Planear es otra manera de bajar la barrera de la resistencia para comenzar algo. Es la vía en que tu cerebro evita las sorpresas y logra transitar a la siguiente actividad, porque ya estaba mentalizado para hacerla.

Los órdenes del día en las juntas funcionan de manera similar a marinar algo. Digamos que mañana tienes tu usual revisión uno a uno con tu gerente y te gustaría sacar a colación el panorama completo de tu trayectoria. Tu gerente piensa que será una junta como siempre en la que actualizarás el estado de tus proyectos. La junta comienza e inicias la conversación acerca de tu trayectoria. Si bien tu gerente podría fluir con este tema, su energía estaba en un lugar completamente diferente, por lo que le costará más trabajo hacer la transición. Entonces habrás perdido la oportunidad para aprovechar la conversación al máximo. Eso pudo haberse evitado con un orden del día. Tu gerente no solo habría tenido tiempo para prepararse, sino que también habría entrado con la energía correcta e incluso habría tenido dispuestas tanto opiniones e ideas acerca de tu trayectoria y profesión como sugerencias al respecto.

Cuando veas x, planea y

Otra manera de cultivar el hábito de planear es usando la fórmula «cuando veo x, planeo y». Esto estimula a tu cerebro a decir: «Cada vez que vea esto en algún lugar, lo asociaré con una tarea planeada y así me aseguraré de estar listo para eso». A continuación, te comparto algunos ejemplos de lo que hago:

- ▲ Cuando veo una invitación a una junta, no la borro de mi bandeja de entrada hasta que también haya reservado el tiempo necesario para prepararme para la junta.

- ▲ Cuando veo la fecha límite de un proyecto, inmediatamente me aseguro de asignar tiempo en mi agenda para completarlo e incluyo esa fecha límite en mi lista principal.

- ▲ Cuando me invitan a un cumpleaños o a algún evento, confirmo mi asistencia, pero dejo la invitación a la vista hasta que haya comprado el regalo.

- ▲ Cuando algo de la despensa se termina, dejo el empaque vacío en el desayunador hasta que lo haya agregado a mi lista de compras para que no se me olvide reabastecerlo.

- ▲ Cuando recibo un regalo o una carta agradable, mantengo la caja o el sobre a la vista hasta que me acuerdo de enviar una nota de agradecimiento.

Dependiendo de tu puesto o tus responsabilidades, puedes personalizar estos ejemplos para crear una estrategia que te impulse a planear una tarea cada vez que sea necesario.

Mientras más planeas, más fácil se vuelve

Planear se vuelve más fácil mientras más lo haces. Si planeas tus comidas cada semana, comenzarás a tener cierto ritmo con tus recetas favoritas: los ingredientes que utilizas generalmente, los que faltan en tu despensa, cuánto tiempo te toma hacer cada receta. Lo mismo sucede cuando planeas tu trabajo. Luego de varias veces de hacer tu planeación, aprenderás cuánto tiempo te toma hacer ciertas tareas, cuándo es el mejor momento en el día para hacerlas y cuáles son los obstáculos que las dificultan. Incluso notarás tus errores: «Sé que mi yo del futuro se molestará si no planeo tiempo extra para prepararme o mentalizarme para esta junta, así que me voy a asegurar de asignar ese tiempo». O bien: «Sé que mi yo del futuro termina realmente agotado después de un día entero de juntas, así que voy a planear tener siempre una noche tranquila después de un día así». Comienzas a confiar en tu plan y a dejar de depender de tu memoria. Le brindas a tu mente el espacio para relajarse y generar ideas nuevas, porque no se va a aferrar a cada pendiente y a cuándo debe hacerlo. Planear esclarece el camino para abrir bucles nuevos porque hay más espacio libre; además, crea confianza y tranquilidad de que harás lo apropiado.

Planear no es una actividad que tenga que padecerse o evitarse, sino una esencial que, cuando se hace bien, nos da energía, nos entusiasma y nos impulsa hacia el futuro. Sin mencionar que darnos el tiempo para planear suele ahorrarnos tiempo a largo plazo (como el ejemplo del capítulo 3, en el que gracias a que escribiste tu lista de compras, redujiste tiempos para hacerlas). Planear es uno de los mejores regalos que tu yo del presente le puede hacer a tu yo del futuro. El futuro para el que planeas (sea mañana o la semana que viene o el próximo año) también involucra a otras personas y, en el espacio de trabajo, otras personas significa reuniones.

PRÁCTICAS DE PRODUCTIVIDAD

- Elabora tu listas diarias y semanales *antes* de que empiece el día o la semana y observa cómo cambia tu mentalidad una vez que entras en el día a día.

- Escribe algunos disparadores de «cuando veo *x*, planeo *y*» que cultiven un hábito para hacer las cosas con tiempo o saber lo que debes realizar con anticipación.

- Practica planear unas cuantas semanas y observa qué tanto impacta en tu energía, en tu procrastinación y en cuánta intención le pones a tus tareas.

CAPÍTULO

13

QUE LAS JUNTAS SEAN *JUNTIFICATIVAS*

¿QUÉ PASARÍA SI TE PIDIERA QUE DEDICARAS 23 horas (casi un día entero) haciendo algo la próxima semana y te dijera que podría o no podría ser un gran uso de tu tiempo? Probablemente no te comprometerías a hacerlo, pues tendrías que dedicarle muchísimas horas.

Una encuesta de 2017 de la *Harvard Business Review* arrojó que los ejecutivos pasan en promedio 23 horas por semana en juntas, cuando en la década de los sesenta dedicaban menos de diez horas. Un artículo de la *Sloan Management Review* del Massachusetts Institute of Technology reportó que, mientras que el empleado promedio le dedica escasas seis horas a reuniones (virtuales o en persona), los supervisores pasan más tiempo en ellas que quienes no supervisan y que el tiempo que exigen las juntas aumenta exponencialmente conforme avanzas en la línea de mando.

Sin importar cuánto tiempo le dediques a las reuniones, estas deberían implicar un excelente uso de tu tiempo. Cuando la calidad de la junta aumenta, los empleados están más felices y satisfechos con sus trabajos. (Un estudio de 2010 publicado en el *Human Resources Management Journal* descubrió una correlación directa entre la satisfacción de una reunión laboral y la satisfacción con el puesto). A continuación algunos aspectos a tomar en cuenta, ya sea que tú las lideres o simplemente participes en ellas.

¿NECESITAS UNA JUNTA?

El primer paso es parar y preguntarte: «¿Realmente se necesita una junta?». Muchas reuniones pudieron ser correos o mensajes instantáneos, pues implican un alto costo de tiempo y recursos, porque le estás pagando a mucha gente por estar en el mismo espacio al mismo tiempo.

Piensa en una junta de diez personas en la que todos se turnan para compartir una actualización de su semana en tres minutos. Esas mismas personas hubieran podido enviar tres aspectos sobre su semana en un correo que a cada una le habría tomado cinco minutos leerlo según su propio horario. ¡Una junta implica 25 minutos más del tiempo de cada participante para obtener el mismo resultado final!

También considera el costo de oportunidad. La mentalidad de intercambio que revisamos en el capítulo 2 nos enseñó que decirle *sí* a una reunión implica decirle *no* a algo más. Cada vez que dedicas tiempo a una junta, *no* se lo estás dando a algo más. Lo ideal es asegurarte de que participar en una reunión es el mejor uso posible de tu tiempo en ese momento; de otro modo, tal vez no valga la pena.

¿VAMOS A LA PAR CON LA JUNTA?

Si es un hecho que la junta se llevará a cabo, asegúrate de que vayas a la PAR de esta, es decir, que tenga estos tres factores:

P → Propósito: ¿Por qué se está haciendo la junta y de qué tipo es?

A → Agenda: Debe enviarse un orden del día con anticipación para que todos asignen tiempo en sus agendas para prepararse y determinar si es necesario que asistan.

R → Resultado: Define cómo se vería un resultado exitoso de haber tenido la junta y dale seguimiento tomando notas y estableciendo puntos de acción claros.

Propósito: Cada junta debe tener un propósito que debe compartirse con todos los participantes con anticipación. En uno de mis libros favoritos sobre productividad, *Meetings Suck: Turning One of the Most Loathed Elements of Business into One of the Most Valuable* (Las juntas apestan: convirtiendo uno de los elementos más odiados de los negocios en uno de los más valiosos), el autor Cameron Herold menciona tres tipos de juntas:

- *Para compartir información:* Del nivel alto a los bajos o de los niveles bajos al alto, son juntas informativas y no necesariamente para intercambiar ideas o retroalimentación ni para tomar decisiones.

- *De conversación creativa:* O de lluvias de ideas. Reunirse para obtener un grupo de ideas, una respuesta a cierta situación o una estrategia nueva. No necesariamente se tomarán decisiones.

- ***De decisiones consensuadas:*** Algo cambiará después de concluir la junta, según lo que ahí se decida.

A mí me gustaría agregar un cuarto tipo:

- ***De conexión:*** Sobre todo en la era del trabajo híbrido, remoto y virtual, a veces el propósito de la junta es simplemente conectar.

Las juntas pueden (y suelen) ser una combinación de todo esto, pero etiquetarlas cuando las programas fomenta que tú y los otros participantes decidan sobre qué es importante pensar antes y después de la junta. El propósito puede incluir más de una de estas categorías y debe comunicarse claramente a los participantes.

Agenda: Como comenté en el capítulo 11, yo solo asisto a juntas en las que hay un orden del día que puedo incluir en mi agenda. Y tengo mis razones. Un orden del día tiene más beneficios que solo saber de qué vamos a hablar:

- La gente que piensa con antelación (en vez de pensar en el momento) se involucra y tiene oportunidad de procesar.
- La gente entra a la junta con ideas y la energía correcta.
- El tiempo se aprovecha al máximo y se evita desperdiciarlo. Los presentadores saben cuánto tiempo tienen.
- Los participantes pueden optar por no asistir o enviar delegados según el contexto, para que siempre asistan las personas correctas.
- La energía se enfoca en el lugar correcto y todos están en el mismo marco mental para hablar sobre los temas del orden del día.

▲ Los participantes llegan preparados y están en la misma página porque los materiales que tienen que leer o revisar se envían con anticipación.

▲ Los órdenes del día sirven para impulsar excelentes puntos de acción y para que la gente responsable los cumpla.

NOMBRE DE LA JUNTA
ASISTENTES (OPCIONAL)

PROPÓSITO(S):
(Selecciona: compartir información, tomar decisiones, hacer lluvia de ideas o conectar)

MATERIAL PREVIO O DOCUMENTOS POR PREPARAR
(Informa a los participantes cuánto tiempo les tomará, por ejemplo «8 min de lectura»)

RESULTADO DESEADO:
(¿Cuál sería un final exitoso de haber tenido esta junta?)

AGENDA (ORDEN DEL DÍA):

▲ Revisar los puntos de acción de la junta anterior (si aplica)
▲ Punto 1 – Responsable (ubica un tiempo estimado, por ejemplo, 10 min)
▲ Punto 2 – (Ubica un tiempo estimado, por ejemplo, 10 min)

RESULTADO:

_____

_____

NOTAS:

_____
_____
_____
_____
_____

SEGUIMIENTO / PUNTOS DE ACCIÓN:

▲ Punto de acción (asigna un responsable)
▲ Punto de acción (asigna un responsable)
▲ Punto de acción (asigna un responsable)

La plantilla de un orden del día como la anterior también se encuentra en mi página web. Con todos los efectos positivos de contar con una, no puedo pensar en alguno negativo. Sugiero comenzar con el formato que he creado para los Googlers, que se usa ampliamente.

Resultado: Indiscutiblemente, la parte más importante de una junta es el resultado. ¿Cuál sería un final exitoso de haberla tenido? Si fue exitosa, _resultado deseado_ (enlistado en la plantilla anterior) será igual a _resultado obtenido_. Muchas personas programan juntas simplemente porque creen que es el siguiente paso. Sin embargo, si el creador no se ha tomado el tiempo para visualizar cómo sería el resultado de una exitosa, no deberían pedirles a otros que le dediquen su tiempo. Cuando una junta sí logra el resultado deseado, debe comunicarlo claramente a los participantes:

- ▲ Las decisiones o conclusiones tomadas se enuncian claramente en la comunicación de seguimiento o cierre (incluyendo el *cómo* y el *porqué* de la decisión, para quienes no estuvieron presentes).
- ▲ Los pasos siguientes y puntos de acción se establecen claramente y se comunican, junto con las fechas límite.
- ▲ Cualquier nota, grabación o transcripción que debe compartirse se envía a los invitados que no asistieron o que eran opcionales.

Si decides convocar a junta, asegúrate de que vas a la PAR antes de programarla. Si eres parte de una junta que no va a la PAR, está bien pedir amablemente que te envíen un orden del día o un propósito definido.

Si alguien asiste a una junta y se la pasa en su *laptop* todo el tiempo, probablemente no necesitaba estar ahí.

¿QUIÉN DEBERÍA ASISTIR?

Si tú estás convocando a una junta, deberías procurar tener el mínimo de asistentes necesarios para cumplir con el propósito. Cada invitado debe contribuir, obtener algo a cambio, o ambos. Sugiero que al inicio hagas la lista de invitados *incómodamente corta* con el fin de procurar tener el mínimo número de participantes. Que este sea tu punto de partida; luego, después de hacer tu lista original, sigue evaluando si necesitas más invitados para que el trabajo se lleve a cabo. Los diferentes tipos de junta necesitarán distintas cantidades de participantes. Procura solo incluir a las personas que estarán involucradas activamente; quien quiera saber qué pasó puede leer las notas de seguimiento o la minuta y obtener la misma información.

Si no estás seguro de quién debe asistir, pregunta primero. También puedes organizar juntas individuales como *alternativa*. Puesto que enviarás un orden del día claramente definido, cualquiera en la lista de invitados debería ser capaz de discernir si son la persona adecuada para participar o enviar a alguien que lo sea en su lugar. Contar con una lista de invitados opcionales les permite no asistir; también evita entrar en el dilema de «Siento que debería invitar a cierta persona, así que lo haré», o en el de «Siento que debería ir porque me invitaron».

Es particularmente importante que las juntas en las que se tomarán decisiones sean con pocas personas. En *Decide & Deliver: 5 Steps to Breakthrough Performance in Your Organization* (Decide y cumple: 5 pasos para lograr un desempeño revolucionario en tu organización), la investigación de los autores Marcia Blenko, Michael C. Mankins y Paul Rogers confirma la sabiduría convencional de que una vez que tienes a siete personas reunidas, cada persona adicional reduce la efectividad de la decisión en un 10 por ciento.

Asistir a una junta no es una insignia de honor. Asegúrate de que tu lenguaje y acciones lo reflejen. El equilibrio y los límites remplazan el estar ocupado. Si has incluido todas las piezas importantes de un orden del día y alguien rechaza la invitación, *respétalo*. Si decidieron que no son la persona adecuada o que no es el mejor uso de su tiempo, puedes sentirte con el poder de hacer lo mismo.

¿CUÁNTO DURARÁ?

Así como deberías empezar con una lista de invitados incómodamente corta, deberías procurar un tiempo de reunión *incómodamente corto*, al menos en un inicio. Nuestra tendencia es alargar las juntas más de lo necesario, así que, si empiezas con la meta de hacerla breve, generalmente terminará teniendo la duración correcta. La ley de Parkinson contempla la idea de que el trabajo se expande hasta ocupar todo el espacio disponible para terminarse; las juntas no son diferentes. Todos hemos estado en la reunión programada con una hora de duración, en la que todos comienzan a cerrar los puntos de la agenda a los 47 minutos, pero entonces alguien saca un tema que termina desviando la conversación y, antes de que te des cuenta, ¡la junta ya se prolongó diez minutos! Esto se puede evitar si la duración de las reuniones las mantienes breves y concisas.

La duración estándar de una junta suele ser de treinta minutos y, como todo el mundo sabe, los episodios de la serie *The Office* de NBC también duran treinta minutos; por ello me gusta usar esta regla de *The Office* al programar juntas. Reviso el orden del día y pienso «¿Necesito un episodio completo de *The Office*, con todo y comerciales, para hablar de los temas enlistados aquí?». Si solo hay un punto, la respuesta a menudo es «No». Treinta minutos es mucho tiempo para hablar de un solo punto.

No temas programar reuniones de 15 o 45 minutos, ya que puede hacer una gran diferencia en tu agenda. Recortar cuatro juntas semanales de una hora a 45 minutos te devuelve una hora de tiempo. Si tienes juntas recurrentes, es importante considerarlas individualmente: si en una semana hay mucho de que hablar, mantén la hora asignada. Pero si la siguiente semana no hay tantos puntos en el orden del día, no temas disminuir la duración de la junta o pedírselo al organizador. Si tú eres quien convocó, te ganarás el respeto de los demás cancelando o acortándolas cuando sea apropiado. Así les demuestras que eres consciente de que estás usando su tiempo. Presentarse a una junta de la que tú eres responsable y decir: «Bueno, hoy no tuvimos mucho de qué hablar, pero ya que tenemos esta hora agendada, pensé que podíamos hacer nuestras revisiones» es un pase seguro a que los demás no te respeten o no participen con la misma frecuencia en adelante.

¿CON QUÉ FRECUENCIA?

La única manera de saber con qué frecuencia se debe realizar una junta es establecer cierta regularidad o recurrencia que tiempo después puedas evaluar para ver si es la correcta. A muchas personas se les olvida la parte de revisar. Programan una junta semanal que continúa por la eternidad, pero nunca se detienen a preguntarse si el ritmo semanal es el adecuado. Tal vez se posterga seguido o hay otras juntas *ad hoc* en paralelo porque las revisiones periódicas no son lo suficientemente constantes. O, por el contrario, tal vez la junta suceda con demasiada frecuencia y por lo mismo no hay suficientes puntos en el orden del día, por lo que podrían espaciarse. Tal como la historia de Ricitos de Oro, la intención es probar si una junta es demasiado dispersa, demasiado frecuente, muy larga o muy corta, hasta encontrar el punto adecuado.

Para no estar adivinando, limita el número de recurrencias para comenzar una serie de reuniones. Puedes comenzar programando solo cinco recurrencias de esa junta. Al final de esta serie, te verás obligado a reevaluar (en el marco de la mentalidad de base cero) y reprogramarla con la misma recurrencia u otra diferente, o a cancelarla, si es lo apropiado. Si el ritmo funcionó, ¡genial!, sigue así. Si notas que la junta se estanca o que realmente debería ser menos frecuente, ¡haz el ajuste!

Una vez que estableces la recurrencia, mantén la junta «juntificativa». Digamos que tienes una revisión semanal con alguien, pero a lo largo de la semana le envías mensajes directos o correos cada vez que te surge una idea o pregunta que no deba responderse con urgencia, en vez de agregarlas a tu orden del día en la junta de revisión. Entonces, habrás degradado el propósito y la calidad de esa reunión; ya no será el espacio para que conectes con esa persona. Debido a tus mensajes y correos constantes a lo largo de la semana, probablemente ya no tengan tantos puntos a tratar en su junta de revisión periódica. Del mismo modo, si tienes una reunión de actualización semanal con tu equipo, pero también inundas su bandeja de entrada con actualizaciones, les estás pidiendo tiempo tanto para la junta semanal como para revisar correos. Honra el ritmo que has elegido y, siempre que sea posible, ahórrate las comunicaciones que pueden esperar hasta que la junta aumente su valor y, por ende, sea significativa.

SEGUIMIENTO

El seguimiento puede variar según el tipo de junta, pero debe relacionarse con este. No soy una persona a la que le guste tomar notas exactas o palabra por palabra, porque, honestamente, ¿quién lee todo eso? Lo mejor es resumir los puntos clave con balazos, vínculos a documentos importantes y acciones claras con fechas límite.

A continuación, presento los lineamientos para dar seguimiento a cada uno de los cuatro tipos de junta que mencionamos:

- **Para compartir información:** El seguimiento incluiría qué información se compartió y cualquier vínculo o datos adicionales para enterarse más de lo que tiene que pasar.

- **De conversación creativa (o lluvia de ideas):** El seguimiento debe ser un resumen de lo que se habló, un lugar para enviar ideas adicionales después de la junta si surgieron (¡esto sucede con frecuencia!) y, si debe tomarse una decisión sobre algún punto tratado, hay que establecer cuándo y cómo se decidirá.

- **De decisiones consensuadas:** El seguimiento debe incluir qué decisión se tomó, y cómo y cuándo se implementarán los cambios. Esto evita el parloteo después de una junta, y la confusión acerca de cuándo y cómo se tomó la decisión.

- **De conexión:** El seguimiento debe reafirmar lo que se habló, consolidar las conexiones si la intención era establecer interconexiones o explorar oportunidades; si es posible, se debe asignar una fecha para la siguiente conexión.

Si recibes un seguimiento o punto de acción establecido en una junta, agrégalo directamente a tu embudo de listas. Si se tiene que realizar al final del día, abre un espacio en tu lista diaria. Si la fecha límite es al cierre de la semana, agrégalo a tu lista semanal actual; pero si es más allá de ese tiempo, incorpóralo a tu lista principal con la fecha límite y encuentra el momento para llevarlo a cabo en las próximas semanas.

¿ES UN EXCELENTE USO DE MI TIEMPO?

Si eres el responsable de una junta (o incluso si solo participas), tienes la obligación de hacer un excelente uso del tiempo de los demás. Si estás en una junta en la que no se aprovecha tu tiempo, tienes la obligación de (¡amablemente!) confrontar a quien convocó y sugerir cambios. También puedes ofrecer tiempo y esfuerzo para que la junta fluya mejor, pues suele ser apreciado por los responsables de las juntas.

La mejor reunión a la que asistí en Google fue una con frecuencia semanal que organizó un gerente de producto y que incluía a todas las personas interfuncionales que trabajaban en dicho producto. Algunos aspectos hicieron la experiencia tan maravillosa que 12 años después aún la recuerdo:

- ▲ La junta empezaba *exactamente* en punto, con un dato divertido, consejo o ventaja de Google que no estaba incluido en las notas de seguimiento. La gente se apuraba para llegar puntualmente (¡incluso se unían desde sus *laptops* si no podían estar a tiempo en la sala de juntas!), solo para escuchar.

- ▲ Dos días antes de la junta, los participantes recibían el orden del día con los puntos a tratar, el material de lectura y la preparación. Si los temas programados no tomaban el tiempo completo de la duración estimada, la junta era más breve. Si el orden del día no era suficiente para requerir reunirse esa semana, se cancelaba.

- ▲ Al inicio de la junta, se asumía que todos habíamos leído el material de lectura y no revisábamos la información o las diapositivas que se esperaba leyéramos. (Si un participante no lo leía la primera vez, pronto se daba cuenta de que estaba retrasado y ¡nunca más se saltaba el trabajo previo!).

- ▲ El primer aspecto en el orden del día semana tras semana era revisar el progreso de los puntos de acción asignados la semana anterior. No puedo expresar lo mucho que esto ayudaba a que la gente rindiera cuentas. Si te habían asignado un punto de acción la semana pasada, *sabías* que en la siguiente lo primero que tendrías que responder sería sobre tu avance, así que te ponías a trabajar en ello inmediatamente, pues querías presentar una buena actualización frente a todos.

▲ En la sala de juntas había un temporizador que se disparaba cuando a los presentadores les quedaba un minuto para terminar con lo que les tocaba del orden del día. No había interrupciones incómodas; cuando escuchábamos la chicharra, todos sabíamos lo que significaba.

A mí siempre me entusiasmaba participar en esa junta porque sabía que nunca sería una pérdida de tiempo. Fluía como una máquina bien engrasada y por ello todos respetaban al gerente de producto, cuyo resultado fue próspero. Este es un brillante ejemplo del verdadero significado de la excelencia.

NO ADIVINES... ¡PREGUNTA!

Digamos que organizas una junta y no sabes si es demasiado larga o corta, demasiado o poco frecuente, o si los participantes sienten que es una buena inversión de su tiempo. En vez de adivinar, ¡es más fácil preguntar! Envía una encuesta anónima o cuestionario para cualquiera que organices y mira qué está diciendo la gente a espaldas de la junta. A menudo esto se alinea con lo que ya estabas pensando. Has estado queriendo abreviar tu junta de personal, pero sientes que tu equipo va a sentir que no les dedicas suficiente tiempo. En realidad, ellos han estado esperando a que la reduzcas. Hazte un hábito de sondear qué pasa con las reuniones que organizas y también ofrece retroalimentación sincera al respecto cuando seas asistente en otras juntas.

LAS JUNTAS PUEDEN TOMAR mucho de tu tiempo, pero será provechoso si se organizan bien. Si eres el responsable de liderar la junta, piensa en cuestiones como el orden del día, el seguimiento, los cronogramas, quién debería asistir, qué tan frecuente y qué tanto debería durar. Piensa en esto mismo cuando, como invitado, quieras retroalimentar al organizador. Todos respetan a alguien que quiere aprovechar su tiempo (y el de los demás) sabiamente. Al controlar tus juntas, logras controlar tu día de trabajo.

Establecer prioridades, aprender a decir que no a cuestiones que te roban el tiempo, entender tu propio flujo de energía, aprender a organizar tu agenda y aprovechar al máximo la calidad de tus juntas son los ladrillos básicos para lograr tu tiempo productivo óptimo. En los capítulos anteriores hemos ahondado en nuevas tácticas y herramientas para que todo esto suceda. Las que usas cada día pueden, con un poco de personalización, convertirse en herramientas poderosas.

PRÁCTICAS DE PRODUCTIVIDAD

- ▲ Antes de programar una junta, pregúntate si esta va a la PAR; si es así, identifica a qué tipo pertenece.

- ▲ Revisa con detalle a quién vas a convocar, con qué frecuencia y por cuánto tiempo. Fíjate si puede reducirse el número de participantes, las recurrencias o la duración de la junta.

- ▲ Mantén las juntas «juntificativas» usando un embudo para los puntos del orden del día cuando sea posible, en lugar de optar por otra forma de comunicación.

- ▲ Revisa las juntas de las que eres responsable y las que suelen ser recurrentes para ver si tienen el ritmo y duración adecuados; envía una encuesta y pregunta.

- ▲ Diseña un orden del día óptimo y un modelo de seguimiento para la junta.

CAPÍTULO

14

QUE TUS HERRAMIENTAS SEAN PODEROSAS

En la introducción comenté que la productividad suele confundirse con *eficiencia*, con cuánto puedes hacer en la menor cantidad de tiempo. Si bien la productividad abarca una definición más amplia, ser eficiente ciertamente forma parte de ello. Tu habilidad para cerrar bucles sin contratiempos y tan pronto como sea posible sí afecta cuánto logras hacer en conjunto.

Muchas personas se apoyan en herramientas como aplicaciones y varios programas y plataformas para ingresar sus déficits de productividad. Si bien las herramientas son maravillosas y en verdad mejoran nuestro flujo de trabajo en general, realmente es la combinación entre la *intención* detrás de las herramientas y el *saber cómo usarlas* lo que consolida resultados en productividad.

En una de mis sesiones de *coaching* le mostré a alguien, que llevaba 12 años usando Gmail en su trabajo, cómo cambiar el color de las etiquetas en sus mensajes. Resaltamos en rojo los correos recibidos de sus superiores y que tenía que revisar. Agregamos otro color a las etiquetas de correos que no eran de la compañía para que pudiera priorizar fácilmente los de ventas. Estaba muy entusiasmado con este nuevo apoyo visual para ver lo que estaba pasando en su bandeja de entrada. Mientras tanto, no pude evitar pensar en lo útil que le habría sido aprender esto antes ¡ya que tendría 12 años más de correos clasificados por color!

PASAR TIEMPO EN LA CONFIGURACIÓN

Llevo nueve años enviando correos semanales a más de 50 000 Googlers en los que les doy un breve consejo sobre cómo ser productivo en Google Workspace (las *apps* de comunicación y colaboración que usan millones, incluyendo Gmail, Google Chat, Calendar, Drive, Docs, Hojas de Cálculo y Meet). Mis recomendaciones, que ahora se pueden encontrar en el canal de YouTube de Google Workspace, cubren todo, desde crear un evento en Google Calendar directamente desde Gmail, hasta usar imágenes en un formulario de Google. La intención es que sean pistas útiles y breves para ahorrar tiempo. Me llegan cientos de mensajes de personas que han estado siguiendo estos consejos por años, comentando el tiempo que se han ahorrado y cuánto les han servido para impulsar su productividad en general. También me llegan numerosos correos preguntándome: «¿Cómo se te ocurren estos consejos?».

Ahora soy parte del desarrollo de muchas de estas características, colaboro con los equipos de producto y recibo notificaciones sobre estos antes de su lanzamiento. Sin embargo, durante los primeros años, todos mis consejos eran sobre la configuración.

La configuración de cualquier producto o herramienta está ahí justo para eso: para que te configures hacia el éxito, para personalizar, para potenciar tu flujo de trabajo, para hacer tuya la herramienta. Muchos no hacen caso de estas características porque simplemente no dedican el tiempo a los ajustes para configurarlos y descubrir sus funciones. Para cualquier producto que uses una vez a la semana o más, desde tu televisión o lavavajillas hasta tu correo o programa de mensajería, deberías dedicar veinte minutos a averiguar las configuraciones para ver qué son capaces de hacer.

Mi suegro llena su lavavajillas con una increíble precisión. No creerías cuántos platos logra meter, y todos salen limpios. Parece la delicada curaduría de un diseño cada noche. Acomoda los tazones en una dirección especial para ponerles platos enfrente, las tazas van alineadas en ángulos impecables y perfectos. No desperdicia ni deja de usar un solo centímetro. Le pregunté cómo había aprendido a hacer esto tan bien; puedes adivinar lo que me dijo. Leyó las instrucciones de fábrica sobre cómo llenar el lavavajillas. ¿Quién hace eso? Casi nadie. Pero ¿y si lo hiciéramos? Todas y cada una de nuestras noches serían más fáciles porque más platos cabrían en nuestros lavavajillas y todos saldrían limpios. Al final, resulta una pequeña inversión inicial para una compensación diaria tan grande.

Dedicar veinte minutos a configurar los ajustes de tu herramienta es lo que la convierte en una herramienta poderosa.

¿Y si hiciéramos lo mismo para todas nuestras herramientas en el trabajo, como nuestro correo, programa de mensajería y calendario? Podríamos saber todo acerca de cómo personalizar las notificaciones en nuestros dispositivos móviles para ver solo lo que queremos cuando queremos, y de cómo clasificar con colores, etiquetar y encontrar lo que necesitamos. La mayoría de nosotros comienza a implementar estas herramientas sin explorar por completo lo que son capaces de hacer y nos enquistamos al usarlas diariamente sin conocer todo su poder.

PERSONALIZA LO QUE VES O NO VES

Hablaremos más acerca de esto en el siguiente capítulo, pero una gran parte de hacer que tus productos funcionen para ti es asegurarte de que no trabajen en contra tuya. A veces las herramientas de productividad y los programas pueden inadvertidamente disminuir nuestra productividad porque nos distraen con notificaciones. Las oportunidades de cómo y cuándo recibirlas por algo que necesita tu atención son infinitas. Lo que sea que la capte por un segundo o más merma el espacio total de tu cerebro, aun si no abres la notificación o le das seguimiento, porque toma unos pocos de esos puntos de energía. Y eso suma.

Asegúrate de aprovechar cualquier personalización que te permita controlar lo que ves, especialmente con dispositivos que están contigo todo el tiempo. En tu celular puedes controlar qué llamadas ver, cuándo y en qué horario suena tu teléfono, el volumen o tono de la llamada, y lo mismo para las notificaciones de correo o de mensajes. Considera establecer un resumen de notificaciones para ver mensajes instantáneos únicamente durante tus horas de trabajo. Descubre cómo recibir notificaciones de los correos que te envían solo ciertas personas, y no los de todas. Podrías programar una hora diaria para recibir los encabezados más importantes, en lugar de recibir una actualización cada que hay una alerta a lo largo del día. Yo me limito a usar las aplicaciones de redes sociales en mi celular solo una hora en la noche (¡incluso le pedí a mi esposo que controlara el código de acceso y lo cambiara para que no estuviera tentada!). Todos estos pequeños cambios dentro de la configuración de un producto ayudan a crear un espacio mental más limpio para la creatividad y apertura de bucles, así como evitar el discurso mental constante.

HAZLO PERSONAL

Además de personalizar la configuración, ¡personaliza el diseño! Eres más propenso a mantener algo organizado y gestionado si es atractivo para ti. ¡Es más motivador tender tu cama cuando amas la cobija! Es más agradable ver tu correo cuando cambiaste el fondo por tu foto favorita de la playa. Las clasificaciones de color en tus carpetas en un sistema de exploración de archivos lo hacen más interesante visualmente. En alguna ocasión trabajé con un ejecutivo que estaba más que emocionado porque le enseñé cómo agregar un emoji de avión junto a todos sus vuelos en su calendario virtual y una pelota de tenis en los partidos de su hija. Cuando múltiples veces al día miras tus herramientas, tus programas, tu correo, tu escritorio y tu calendario, identificar los pequeños detalles que te agradan visualmente crean la diferencia.

Tom Oliveri, vicepresidente del equipo de CEO en Google, tiene un montón de cosas que revisar en su escritorio todos los días. Hay correos, listas, presentaciones que revisar y decisiones que tomar. También da la casualidad de que ama los burritos. Su asistente, Sarah, quería encontrar una forma de llamar su atención para marcar con banderitas lo que era más importante. Así que cuando había demasiadas cosas al mismo tiempo, le enviaba un correo con un solo elemento en la línea del asunto: un emoji de burrito [🌯]. Y como es un gran fan de comer burritos, a Tom le pareció divertido. Se volvió fácil y representativo de notar, a la vez que le ayudó a mandar el mensaje de «Esto es importante» dentro de su equipo. Pronto su correo se conoció como «La lista burrito», con lo cual es mucho más divertido interactuar que «La lista de pendientes». Para Tom, estas sutiles diversiones y personalizaciones de su herramienta hicieron una pequeña diferencia en su día y su flujo de trabajo. Tomarte el tiempo para descubrir y personalizar tus flujos de trabajo de esta forma rompe con lo cotidiano y te liga con una herramienta o sistema.

ENCAUZAR EL PODER DE LA IA PARA TRABAJAR CON MÁS INTELIGENCIA

No es ningún secreto que la inteligencia artificial (IA) ya está transformando el mundo laboral y cómo hacemos las cosas. La IA generativa, que puede producir nuevos resultados con simples indicaciones, puede ayudar a la gente a escribir o revisar correos y documentos, resumir información, e incluso crear imágenes, videos y presentaciones desde cero. Mi enfoque al usar IA generativa en una solución como Google Workspace es la misma que para entender tus configuraciones: dedícale tiempo para conocer directamente qué es lo que la herramienta puede hacer por ti. Pero la IA no es a prueba de tontos y funciona mejor cuando se combina con la retroalimentación humana. Así que tal vez tengas la experiencia de permitirle a tu herramienta favorita de IA generativa hacer el resumen de desarrollo de proyectos o las diapositivas de la presentación y luego ingresar retroalimentación para mejorarla. Lee las configuraciones de tus herramientas y descubre cómo está integrada la IA y qué instrucciones puedes seguir con ella. Una vez que tengas un punto de partida, puedes ajustar el tono, la voz y el alcance muy fácilmente, y luego agregar tus propios toques personales. A fin de cuentas, la IA no es remplazo para el ingenio, la creatividad y la astucia de la gente real. Pero sin duda se ha vuelto una de nuestras herramientas más poderosas si se usa concienzudamente, y continuará mejorando la productividad en los años por venir.

TOMA EL ATAJO

Tal vez el elemento más obvio para interactuar efectivamente con nuestros dispositivos es conocer los atajos para moverte con mayor facilidad. Los atajos en tu teclado te permiten realizar acciones comunes sin tocar el ratón; son los héroes que nunca aparecieron en las loas del mundo de la productividad. Por ejemplo, en Gmail, una vez que se establecen atajos en las configuraciones, simplemente teclear la letra *r* responde a un mensaje y presionar la *a* hace responder a todos los remitentes; y estos son tan solo unos cuantos ejemplos. Cada programa tiene atajos de teclado y pueden ahorrarte segundos, si no es que minutos de acciones comunes. La plataforma educativa Brainscape estima que aprender los atajos del teclado para tus acciones diarias principales puede ahorrarte hasta 64 horas (¡ocho jornadas laborales!) al año. Muchas personas que se sientan detrás de mí o me ven trabajando en mi cubículo me preguntan «¿Cómo hiciste eso tan rápido?», «¿Cómo cambiaste de una pestaña a la otra sin tocar tu ratón?». Mi respuesta siempre es «¡Los atajos del teclado!».

Comienza con algo pequeño, como tu correo. Piensa en las principales acciones que realizas en el día (responder, responder a todos, borrar, archivar). Descubre y practica los atajos del teclado para esas acciones principales. Incluso descubrir el atajo para abrir una nueva ventana en tu buscador podría reducir minutos de tu día, dependiendo de cómo lo hagas.

Si realmente quieres verte *hardcore*, entrena en la zona de atajos de tu teclado. Esto implica realmente deshabilitar, revertir o eliminar tu ratón. Cada vez que vayas a usarlo, toma el atajo del teclado para activar el menú de atajos y descubre cómo hacer lo que ibas a hacer con una tecla. Yo tomé una clase sobre hojas de cálculo en la Universidad de Carolina del Norte de Chapel Hill en cuyo examen final nos deshabilitaban nuestros ratones y teníamos que hacer todo mediante atajos. Memorizarlos una vez hizo que los recordara por años. Como alguien que usa hojas de cálculo todos los días, piensa en todo el tiempo que me han ahorrado a lo largo de más de una década. Todo porque invertí una pequeña cantidad de tiempo en aprendérmelos específicamente para ese examen.

Por muy poco importantes que parezcan estos consejos y pistas, yo no les habría dedicado un capítulo si no supiera por experiencia propia, y de miles de personas con las que he trabajado, la gran cantidad de tiempo que pueden ahorrarte, y cómo ese ahorro te impulsa a progresar rápidamente y llegar al nivel de productividad que antes te habría parecido inimaginable. Sin importar lo rápido que te muevas, las distracciones siempre intentarán crear obstáculos. En el capítulo siguiente hablaremos acerca de cómo superar las distracciones antes de que lleguen y cómo lidiar con ellas si logran presentarse.

PRÁCTICAS DE PRODUCTIVIDAD

- ▲ Piensa en unas cuantas cosas que usas todos los días, como tu teléfono, tu correo electrónico y tu lavavajillas. Dedica veinte minutos explorando la configuración para descubrir qué pueden hacer por ti.

- ▲ Personaliza tus notificaciones y herramientas para que te muestren solo lo que quieres ver, cuando lo quieras ver. Personalízalas aún más para hacer de ellas algo que te parezca agradable visualmente.

- ▲ Encuentra tus tres o cinco acciones principales en los productos que más usas y aprende los atajos del teclado para reducir el tiempo de tus actividades cotidianas.

CAPÍTULO

15

SUPERA LAS DISTRACCIONES

Si ya identificaste tus prioridades, te tomaste el tiempo para trabajar en ellas, te aseguraste de que fuera en el mejor momento de tu día y en la ubicación correcta, y conociste bien tus herramientas, entonces las tareas se realizarán, ¿cierto? No siempre. Aquí llegan las distracciones. Como mencioné en la introducción: flujo + atención = tiempo mejor gastado. Cuando has hecho la burbuja perfecta para llevar a cabo tus tareas, tal vez el tiempo y la energía estén ahí, pero si no hay atención, no puedes garantizar que lograrás tu tiempo productivo óptimo.

«Estar concentrado», «en el *flow*» o «haciendo trabajo profundo» son frases populares que aluden al mismo estado: trabajo sin distracción. Hoy en día, puede resultar difícil concentrarse, porque mentalmente (y a veces físicamente) trabajamos en múltiples sitios. Estamos aprendiendo a comunicarnos y a colaborar en esos espacios. También estamos inundados con un flujo constante de notificaciones, alertas e interrupciones, ¡y suele venir de la misma tecnología que se supone que nos facilita ser más productivos! Un estudio de la universidad Irvine de California descubrió que nos toma en promedio 23 minutos con 15 segundos volver a concentrarnos luego de una distracción. ¡Con razón nos cuesta trabajo lograr ese *flow* en el trabajo!

Es difícil hacer a un lado la distracción una vez que llega. No puedes evitar involucrarte con tonos de notificaciones, mensajes de texto o correos una vez que los has visto, ¡y eso está bien! El método más sencillo es hacer todo lo posible para prevenir que las distracciones entren en tu espacio de trabajo por completo.

> Lo mejor es lidiar con la distracción antes de que suceda.

ACONDICIONA TU ESPACIO DE TRABAJO

En el capítulo 7 te recomendé que actuaras como tu propio asistente; en este sentido, cuando se trata de distracciones, debes eliminar de tu flujo de trabajo la perspectiva de un tercero. Yo comparo el preparar el escenario para trabajar sin distracciones con preparar tu casa para que sea segura para los niños.

Imagina que un niño pequeño vendrá a visitarte una semana. Este niño ya camina y se mete en todos los rincones, pero no es lo suficientemente grande para entender instrucciones. Entonces, tienes tres opciones:

1. No preparar nada para su visita. Durante toda la semana perseguirás al niño y lo estarás vigilando para reaccionar ante cualquier peligro: «¡No saques el cuchillo

del cajón!», «¡No metas la mano en la chimenea encendida!», «¡No metas los dedos en el enchufe!»...

2. Asignarle una habitación o área segura y ser muy estricto para que el niño solo esté en ese lugar.

3. Acondicionar la casa de modo que sea segura para niños. Invierte unos cuantos minutos en cerrar la rejilla de la chimenea, tapar los enchufes, cerrar con llave el cajón de los cuchillos y quitar cualquier peligro del piso, para que el niño tenga la libertad de explorar.

Como verás, la opción 3 implica más esfuerzo en un inicio, pero se compensa con una semana más relajada. La opción 2 es una solución rápida, pero resulta limitante y poco realista para un periodo más largo. La opción 1 suena agotadora; para el tercer día estarás completamente exhausto; tu cerebro estará vigilante todo el tiempo, recorriendo la casa, atento, tratando de advertir las situaciones y reaccionar, ¡eso sí que te haría perder puntos de energía! Sin mencionar que es mucho más probable que los riesgos se presenten.

Lo mismo pasa cuando hablamos de concentrarse en el trabajo. Las opciones serían algunas como:

1. No prepararte para un bloque de trabajo que requiere concentración. Permite el acceso a todas las notificaciones, correos, ventanas emergentes, mensajes y páginas abiertas. Trabaja con el teléfono a un lado. Mantén la esperanza de que si algo te distrae tendrás la habilidad para retomar rápidamente tu trabajo (lo cual es muy poco probable, de acuerdo con las investigaciones).

2. Establece un ambiente en el que solo puedas ver lo que estás haciendo. Imprime las diapositivas o el contrato

que necesitas revisar y hazlo en papel. Usa una computadora aparte que no tenga wifi o que no inicie sesión en tus programas usuales (está bien por un periodo corto, pero no es realista a largo plazo).

3. **Actúa como tu propio asistente.** Toma un tiempo para mentalizarte a tener éxito *antes* de que tu horario de trabajo comience. Piensa en todas las cosas que podrían distraer a tu yo del futuro en el bloque de concentración. Ve al baño; cómete una colación; rellena tu botella de agua. Cierra o minimiza todas las ventanas y páginas abiertas con excepción de exactamente lo que necesitas para trabajar (a esto le llamo *trabajo con una sola ventana*). Desactiva las notificaciones emergentes y cierra la sesión de aplicaciones de mensajes. Deja tu teléfono en otra habitación, a más de veinte segundos de distancia (en su libro, *The Happiness Advantage: How a Positive Brain Fuels Success in Work and Life* [La ventaja de felicidad: cómo un cerebro positivo impulsa el éxito en el trabajo y en la vida], Shawn Achor presenta la regla de veinte segundos para romper un hábito: si algo te toma menos de veinte segundos, es más probable que lo hagas, mientras que la probabilidad es menor cuando te toma más que ese tiempo. Así que asegúrate de que las distracciones estén a más de veinte segundos de distancia).

Como verás, la opción 3 es lo que te prepara para tener el mayor éxito por un periodo más amplio. Al principio tal vez temas, porque tu cerebro probablemente esté condicionado a preferir la modalidad de videojuego y mantenerse alerta, esquivando todo el tiempo estímulos que lleguen volando hacia ti (mensajes instantáneos, notificaciones emergentes, correos electrónicos). Pero claro, eso requiere más puntos de energía de tus bloques de trabajo. Sentarte frente a un documento en blanco y un cursor parpadeante en donde se supone que deberías estar escribiendo algo puede sentirse mucho más aburrido al inicio, pero recuerda que lo ideal es aburrirte para poder concentrarte. Una vez que tu cerebro supera ese pánico inicial (porque no hay otra cosa que hacer más que lo que tienes que hacer) y está libre de distracciones, rápidamente entrarás en modo tiempo productivo óptimo y llevarás a cabo tus pendientes con mayor rapidez.

NO PERMITAS QUE EL CORREO TE «SUCCIONE»

En el siguiente capítulo ahondaremos en cómo organizar y gestionar tu correo. Pero en el contexto de las distracciones, es importante recordar que lo más probable es que nunca de los nunca abrirás tu correo y pensarás «Ah, qué bien, ¡no hay nada que hacer!». Para muchos de nosotros, los correos nunca dejan de llegar, y de cierta manera eso es algo bueno, porque quiere decir que siempre hay más cosas que hacer y que lograr en nuestros trabajos y en nuestras vidas. El problema es cuando activamos el «succionador de correos» demasiadas veces en el día y dejamos que nos trague por completo. Mantenemos esta succión activa, incluso con una página abierta como fondo o en notificaciones de nuestro celular, pues siempre nos distrae el sonido. Numerosas veces revisamos nuestro correo cuando no planeábamos hacerlo, simplemente miramos por mirar. Acuérdate de que cada vez que entras a tu correo, lo invitas a entrar a tu cerebro, usando puntos de energía y dándole la oportunidad de distraerte.

En mis capacitaciones me he dado cuenta de que sugerirle a las personas que revisen su correo solo dos o tres veces al día es poco realista. Para muchos, su trabajo requiere hacerlo con más frecuencia, porque deben ser capaces de responder de inmediato. En vez de esto, un hábito que realmente se quedará contigo es cerrar tu correo una o dos veces al día para lograr realizar actividades que no tengan que ver con él. Ese pequeño hábito (que también verás descrito en la hoja de trabajo de la lista diaria) puede hacer una gran diferencia en tu productividad diaria. Idealmente, mantener tu correo cerrado sucedería durante tus horas poderosas, cuando tienes la mejor oportunidad para ejecutar bien tus tareas y sin ruido.

EL *MONOTASKING* HA REMPLAZADO AL *MULTITASKING*

La promesa de hacer múltiples tareas a la vez *(multitasking)* solía ser popular en el mundo de la productividad, pero desde entonces ha demostrado ser ineficiente. Diversas herramientas de productividad se diseñaron para ayudarnos a hacer muchas tareas al mismo tiempo, pero desde entonces hemos querido buscar formas para desconectarnos y más bien enfocarnos en una sola tarea a la vez. Pero no aceptes lo que te digo así nada más, en vez de eso, intenta lo siguiente:

1. Toma una hoja de papel en blanco, un lápiz o una pluma y un temporizador.
2. Registra el tiempo que te toma escribir lo siguiente:

MULTITASKING
1 2 3 4 5 6 7 8 9 10

3. Voltea la hoja (para que no puedas copiar el texto original o el texto de este libro).
4. Registra el tiempo que te toma escribir lo mismo, pero alternando la línea de texto con la línea de los números (o sea, M, luego 1, luego U, luego 2) hasta que termines de escribir ambas líneas.
5. Fíjate en la diferencia de tiempo.

Cuando hago esto en un grupo grande, les pido a las personas que levanten la mano cuando terminen y detengo el temporizador cuando se levanta la última mano. En promedio, terminar el paso 4 toma ¡más del doble de tiempo que completar el paso 2!, pero cuando ves ambos lados del papel, el resultado es exactamente el mismo. Gracias a esta prueba no científica podemos inferir que una actividad te tomará el doble de tiempo cuando alternas más de una a la vez. El tiempo adicional es necesario porque a tu cerebro le toma más reorientarse, además de que estamos usando puntos de energía cada vez que hacemos una transición (letras, números, letras, números). Esto lo aplicamos con nosotros mismos cuando hacemos dos cosas simultáneamente. «Okey, documento, estoy escribiendo; okey, correo; okey, documento; okey, mensaje de texto; okey, documento; okey, mensaje en mi celular». Y, de hecho, nos está tomando más del doble de tiempo crear el mismo resultado, y probablemente no lo estemos haciendo tan bien y estemos perdiendo energía en el proceso.

Hacer múltiples cosas al mismo tiempo es hacer múltiples cosas mal.

El *multitasking* tiene su lugar y su momento: cuando estás haciendo una o más actividades que no requieren atención y la calidad del resultado no se ve comprometida. Puedes lavar los platos *y* escuchar un pódcast. Puedes contestar una llamada telefónica durante tu caminata. Puedes entrar a una junta virtual que no requiera tu participación mientras revisas tus correos (aunque, revisa en el capítulo 13 las razones por las que probablemente debiste rechazar la invitación a esa junta en primer lugar y después haber leído las notas). Si bien capacitarte para los momentos de concentración es el primer paso y el más efectivo, más adelante ahondaremos en herramientas, como la meditación, que te facilitan concentrarte naturalmente. Recuerda: siempre que te importe, que quieras hacerla bien y en el menor tiempo, *realiza una tarea a la vez.*

Hemos visto que la preparación (vista como esclarecer tiempos y espacios para tu yo del futuro actuando como tu propio asistente) y el hacer una tarea a la vez son las claves principales para trabajar sin distracción. Irónicamente, las principales fuentes de distracción en los lugares de trabajo actuales también son las mismas cosas que nos ayudan a completar nuestras actividades de manera sumamente eficiente: la computadora y el *smartphone*. Hace una o dos generaciones estas herramientas ni siquiera existían y hemos tenido que aprender reglas nuevas para integrarlas en nuestra cotidianeidad. Los timbres de notificaciones, los textos, los *chats*, los mensajes de aquí para allá por una miríada de plataformas se acumulan en un interminable tsunami de información que valoramos, pero no la distracción que conlleva. Un flujo significativo de ese tsunami es el correo, que merece su propio capítulo.

PRÁCTICAS DE PRODUCTIVIDAD

▲ Actúa como tu propio asistente y acondiciona el lugar de trabajo sin distracciones. Revisa cuáles son las distracciones potenciales y lidia con ellas antes de que sucedan. Abúrrete hasta que te concentres.

▲ Cierra el programa de correo y de mensajes unas cuantas veces al día para experimentar la sensación de estar desconectado y concentrado, sobre todo durante tus horas poderosas.

▲ Demuéstrate que hacer varias cosas a la vez es una pérdida de tiempo. Haz la actividad que sugiero de *multitasking* tomando tus tiempos y convenciéndote con los datos fehacientes.

▲ Cuando te importen los resultados, haz solo una tarea a la vez.

CAPÍTULO

16

DOMINA EL CORREO ELECTRÓNICO: EL MÉTODO DE LA LAVANDERÍA

Cuando comienzo a trabajar con un cliente, casi siempre es a través del correo, porque para muchísima gente es personal. También puede ser el punto de partida de la ansiedad laboral y a veces es el punto crítico. Para muchos, es lo primero que ven cuando se despiertan y lo último que ven antes de irse a dormir (superando a su pareja, ¡que está en la misma cama!). El correo es lo que despierta a la gente a mitad de la noche: «¿Olvidé responder a esto?». Cuando está en tu bandeja de entrada, está en tu cabeza.

Para muchos de nosotros, el correo comenzó como un método de comunicación asincrónico y conveniente, pero hoy en día pasamos la mayor parte de nuestro tiempo en él y es lo que más nos estresa. Se ha convertido en la manera en que otras personas agregan pendientes a nuestra lista. Conforme incrementa la modalidad de trabajo remoto, la cantidad de correos se ha disparado hasta las alturas. La compañía de *software* HubSpot ha publicado indicadores de que el volumen de correo ha incrementado 44% desde que inició la transición al trabajo remoto durante la pandemia.

El correo es un método de comunicación eficiente y necesario. Aunque yo esté en mis horas poderosas, concentrada únicamente en algo, y tú estés en una zona horaria diferente, profundamente dormido, juntos podremos dar resultados eficientes de un proyecto usando el correo electrónico. Este ofrece un registro en caso de que otros tengan que incluirse en el proyecto o si tenemos que dividirnos el trabajo. Si bien editar documentos simultáneamente o enviar mensajes directos instantáneos pueden cubrir algunas de estas necesidades, el correo electrónico aún conserva un lugar importante y necesario en el flujo de trabajo cotidiano.

Las investigaciones han demostrado que las personas revisan su bandeja de entrada en el trabajo alrededor de 11 veces por hora. Muchas de esas veces no estaban haciendo nada específico, ¡solo revisaban! En el capítulo 3 exhorto a cerrar el correo una o dos veces como parte de la lista diaria, y en el capítulo 14 resalto la importancia de personalizar las notificaciones para disminuir las interrupciones. Lo mejor es que cuando decidamos revisar el correo, nuestra intención sea asegurarnos de que aprovechemos el tiempo al máximo. A veces vamos de aquí para allá, abriendo correos sin leer al azar, completando las tareas a medias, viendo si tenemos mensajes nuevos, escribiendo borradores de respuestas a medias y sintiendo que nunca terminamos realmente. En vez de esto, lo ideal es hacer una revisión efectiva de tu correo.

Puedes modificar tu relación con el correo electrónico usando un proceso de tres pasos que desarrollé. Decenas de miles de Googlers han tomado mi capacitación para gestionar su correo y sigue siendo una de las mejor calificadas de la compañía. Cuando doy esta capacitación, recibo correos todo el tiempo con mensajes que dicen: «¡Vaya!, me ayudaste a reducir el 30% de mi tiempo revisando la bandeja de entrada», «¡Me siento mucho mejor!», «Ahora siento que siempre estoy al corriente con mi correo», «Mi equipo se dio cuenta de que después de tomar esta capacitación he respondido con mayor prontitud y estoy al día en mi trabajo», o «¡Duermo mejor porque sé exactamente qué hay en mi correo y que no me estoy perdiendo de nada!».

TRES PASOS PARA LIMPIAR TU BANDEJA DE ENTRADA

Para limpiar tu bandeja de entrada, debes realizar estos tres pasos. Si solo hicieras el paso 1, con eso bastaría para sentir la diferencia. Si luego haces el paso 2, mucho mejor. Si completas el paso 3, tienes oro molido. Te sentirás completamente en control de tu correo electrónico (¡y ese sentimiento es genial!).

1. **Quita todo lo que no necesitas ver.** Muchas veces la gente alardea del número de correos en su bandeja como si fuera una medalla de honor. «¡Tengo 890 mensajes sin leer!» o «¡Tengo miles de correos en mi bandeja de entrada!». A mí eso me dice que *1)* tienes desatendidos 890 correos que te escribieron directamente a ti, lo cual debe resultar en numerosos compañeros de trabajo frustrados, o *2)* estás recibiendo montones de correos que realmente no tienen por qué llegar a tu bandeja de entrada. Por lo general se trata de la segunda. *Los correos en tu bandeja de entrada que no abres son como la ropa en tu clóset que no usas.* Tener 890 camisas que ya no te pones no impresiona, porque o ya no te quedan o están pasadas de moda. En todo caso, esto hace mucho más estresante decidir qué te vas a poner. Tu atención se va hacia estas prendas aun si nunca se descuelgan. Estás usando demasiados puntos de energía para escombrar mentalmente y encontrar la camisa que vas a ponerte, en comparación a si todas esas prendas sin uso ya no

estuvieran ahí. De la misma manera, cada mensaje en tu bandeja de entrada usa algunos puntos de energía, aun si no lo abres. Una vez que llegan ahí, esas letras en negritas juegan con tu cerebro para que piense que hay algo que tienes que hacer, los abras o no.

Cada correo que entra a tu bandeja toma un poco de tu atención y tu energía, aun si nunca lo abres.

Tu meta para el paso 1 es sacar de tu bandeja de entrada la mayor cantidad posible de correos innecesarios. Crea filtros o reglas en tu programa de correos para que **nunca lleguen a la bandeja de entrada.** ¿Te das cuenta de cómo tu atención se dirige a esta frase porque está en negritas? Lo mismo sucede con esas líneas del asunto con cuestiones que no deberían importarte y que entran a tu correo como **no leídos.** Para muchas personas, estos llegan en forma de boletines o alertas a las que sin darse cuenta se suscribieron. Una manera rápida de capturar todo eso es buscar en tu bandeja de entrada frases como «anular suscripción» o «ver este correo en tu navegador», que se encuentran en correos que vienen de listas de direcciones y que no te enviaron a ti directamente. Puedes usar estos métodos de búsqueda con el fin de crear reglas o filtros para que esos correos nunca lleguen a tu bandeja de entrada; o bien, una vez que encontraste esos correos, sigue las instrucciones para anular tu suscripción.

Activa treinta minutos en un temporizador y trátalo como un juego en el que la meta es ver cuántos correos puedes eliminar. Encuentra cada correo que ni siquiera tenías que haber visto y busca la manera de que ya no suceda: crea un filtro, bloquea al remitente, anula tu suscripción a la lista de correos o márcalo como *spam*. Esta purga es similar a deshacerte de toda esa ropa que ya no usas. Revisar tu bandeja de entrada se sentirá como un «¡Ah!» de alivio después de tomarte el tiempo para tener a la vista solo lo que necesitas ver.

2. **Resalta lo que *sí* necesitas ver.** Si el CEO de tu compañía te envía un correo directamente a ti, debería resaltar de entre todos los correos que el CEO envía a la compañía entera. Un correo que tu profesor te envía directamente a ti debe resaltar de entre los que les manda a todos sus alumnos. Un correo del director de la escuela de tu hijo debe resaltar de entre los boletines semanales que envía la escuela. Si tienes montones de juntas o viajas frecuentemente y, en consecuencia, revisas tus correos casi siempre desde tu celular (en donde la bandeja de entrada es más pequeña y menos detallada que lo que ves en la pantalla de tu computadora), debes saber qué correos hay que abrir de inmediato con respecto a los que pueden esperar. Puedes comunicarle bastantes datos a tu yo del futuro acerca de qué hay en un correo antes de siquiera abrirlo y usar muchos menos puntos de energía por estar constantemente revisando la bandeja de entrada para identificar lo que es importante. Crea etiquetas o banderillas como «VIP» o «Notificación urgente» y haz que se apliquen automáticamente usando filtros o reglas. En Gmail puedes agregar una etiqueta automáticamente a

un correo usando una regla de filtro. Por ejemplo: «Si es de mi gerente, enviado directamente a mí, aplica esta etiqueta». «Si es de mi cliente de mayores ventas (*@dominiodelcliente.com), entonces márcalo con una etiqueta brillante y en negritas» (que de cualquier forma llegue directamente a mi bandeja de entrada, solo que con un color diferente al resto). Deja que tu programa de correo electrónico haga el trabajo de priorizar marcando automáticamente los asuntos, de tal forma que con una rápida visita a tu bandeja obtengas un panorama visual de qué hay en ella antes de abrir algo. Crear unas cuantas reglas como estas asegura que tu yo del futuro nunca se pierda nada relevante y que tenga pistas visuales que le ayudarán a priorizar parcialmente su correo incluso antes de leer la frase del asunto.

3. **Ordena tus correos como ordenas la ropa que vas a lavar.** Por un momento, olvídate del correo electrónico y hablemos de lo que la mayoría de la gente entiende mejor: la lavandería. Piensa en qué pasaría si hicieras esto con la ropa que metiste a la secadora:

- ▲ Abres la puerta de la secadora y sacas una camisa.
- ▲ Doblas la camisa, subes las escaleras hasta tu recámara y la guardas en tu cajonera, luego bajas las escaleras, de regreso a la secadora.
- ▲ Sacas otra camisa, la doblas, subes hasta tu cajonera, luego bajas hasta la secadora.
- ▲ Sacas unos pantalones, como siguen un poco húmedos, los regresas a la secadora con el resto de la ropa seca.

- ▲ Sacas un calcetín y, como no te sientes de humor para buscar el par, subes las escaleras y lo metes al cajón de tus calcetines, luego vuelves a bajar.

- ▲ Sacas otros pantalones (ay, espera, son los mismos pantalones que seguían húmedos y que volviste a meter).

- ▲ Decides que en realidad no tienes ganas de vaciar la secadora, así que simplemente vuelves a activar el ciclo de secado y volverás a comenzar cuando salga ropa nueva de la lavadora.

- ▲ Entras en pánico cada vez que necesitas una prenda específica porque no sabes si está en la secadora junto con toda esa ropa, si olvidaste lavarla o si en realidad la guardaste.

- ▲ Durante el resto del día, dejas la puerta de la secadora abierta para poder ver toda la ropa que hay ahí y te acuerdes de que no has terminado de guardarla.

¿Qué tan ineficiente es esto? ¡Esto sí que es una pérdida de puntos de energía! Es una manera terrible y estresante de lavar la ropa. Sin embargo, así es como mucha gente gestiona su correo. Regresan la ropa húmeda junto con la ropa seca («marcar como no leído»). La secadora nunca se queda vacía («bandeja de entrada cero»). La gente echa un vistazo a la secadora múltiples veces al día para acordarse de que ahí adentro hay un gran desastre que aún no resuelven (revisar el correo 15 o más veces al día sin limpiarlo). Se despiertan en la madrugada sin tener idea de si revisaron un correo o pasaron por alto algo importante de su bandeja de entrada («¡¿Dónde está esa camisa rosa?!»). Entonces, ¿qué es lo que la metáfora de la lavandería puede enseñarnos sobre nuestro correo electrónico?

- ▲ Decidimos que vamos a revisar nuestro correo tal como decidimos que vamos a lavar la ropa y asignamos un momento específico del día en vez de ir y venir constantemente.

- ▲ Nos enfocamos en todo lo que hay en la bandeja de entrada de una sola vez y hasta que terminemos, tal como sacamos toda la ropa de la secadora hasta vaciarla.

- ▲ Clasificamos en pilas. Tal como acomodamos la ropa en doblada/colgada/calcetines sin par, piensa en: responder/leer/reconsiderar.

- ▲ Guardamos todo lo de una pila de una sola vez: «doblar toda la ropa = leer todos los artículos», con lo cual nos beneficiamos de hacer tareas por tandas.

- ▲ Tocamos las prendas / los correos máximo dos veces (en la primera, clasificamos; en la segunda, respondemos / doblamos), con lo que minimizamos los puntos de energía que gastamos en cada correo.

- ▲ Tratamos el clasificar/leer/responder como actividades distintas y no las mezclamos (doblar una camisa, luego colgar un vestido, luego emparejar calcetines).

- ▲ Aunque no tengamos tiempo de colgar toda la ropa (responder a todos los correos), tenemos una pila de ropa para colgar y si nos falta la camisa verde (ese correo directo de nuestro jefe), sabemos exactamente dónde está y si ya lo tocamos una vez.

¿Y CÓMO SE VE ESTO EN NUESTRA BANDEJA DE ENTRADA?

Configura tu bandeja de entrada para que tengas una secadora aparte (la principal, a la que llega todo) y canastas de lavandería (etiquetas o carpetas que no están en la bandeja) para diferentes tareas. *Nunca debes tener correo nuevo o no leído en el mismo lugar en el que tienes correos leídos que aún necesitan alguna acción de tu parte.* Mezclar estos es como dejar todos los pantalones secos que necesitas doblar en la secadora junto con los calcetines mojados. ¡Qué confuso! También es demasiado confuso tener múltiples secadoras. A algunas personas les gusta tener una bandeja de entrada para correo interno, otra para correo externo y otras más para el resto de correos entrantes. No obstante, un principio de productividad más que comprobado es que «Mientras más lugares a revisar haya, más estresante será el proceso». Si tienes nueve buzones afuera de tu casa, uno para facturas, otro para publicidad, otro para tarjetas personales y seis más para otras categorías, caminar hasta cada uno todos los días sería un arduo trabajo. Vaciar una sola bandeja de entrada cada día y acomodar lo que hay ahí es mucho más sencillo, por lo que no recomiendo tener varios buzones para diferentes correos entrantes.

En Gmail puedes crear etiquetas para tus «canastas» y usar múltiples bandejas para mostrar esas etiquetas con la finalidad de que las veas al mismo tiempo como tu «secadora» (bandeja principal). En otros programas de correo, puedes crear carpetas. Las cuatro canastas de ropa esenciales, o etiquetas a crear, se basan en las acciones que debes tomar con cada correo:

1. **Responder:** Lo que necesita alguna respuesta de tu parte, por lo que requiere de ti y de tu tiempo para completarse. Por ejemplo: Tu jefe quiere el estatus de un proyecto importante.

2. **Leer:** Algo que quisieras leer, pero a lo que no necesitas responder. Por ejemplo: boletines del área, correos informativos, casos de estudio interesantes.

3. **Reconsiderar:** A lo que no tienes que responder de inmediato porque estás esperando un momento específico para revisarlo o a que alguien más responda. Piensa que estos son asuntos para los que tienes que esperar o a los que debes darles seguimiento, pero no están en *tu* lista de pendientes. Por ejemplo: Tienes que responderle a tu cliente, pero antes necesitas que Felipe apruebe el contrato. Tu correo con Felipe es uno que necesitas reconsiderar si no te responde.

4. **Relájate:** ¡Quiere decir que terminaste! Aquí es cuando dejas descansar el correo, dado que completaste tus asuntos con una acción y ahora se archivaron (puedes buscarlo después si es necesario); es decir, entró en una especie de carpeta de referencia o se eliminó. Por ejemplo: Alguien en tu equipo informó que una tarea o proyecto se completó exitosamente.

RESPONDER	LEER	RECONSIDERAR	¡RELÁJATE!
Para: Ti De: Tu gerente Asunto: La presentación	Para: Ti De: Noticias de la mañana Asunto: Las noticias principales	Para: Ti De: Felipe Asunto: Aprobación de los permisos	Para: Ti De: Tu compañero de equipo Asunto: ¡Buen trabajo!

Hola. ¡Gran presentación la de hoy! ¿Puedes hacer los cambios que dijimos y enviarla cuanto antes? ¡Gracias! Lanaeschia	Qué ha pasado en la compañía. Consejo genial.	Hola, tú: Espero que esos permisos de movilidad que solicitaste queden aprobados la próxima semana. ¡Seguimos en contacto! Felipe	Qué felicidad que ya terminamos ese proyecto. Fue genial trabajar contigo, ¡gracias de nuevo!

TU FLUJO DE TRABAJO DE CORREO DIARIO

Para cambiar a este sistema, deberás hacer una configuración de una sola vez para clasificar todos los correos activos de tu bandeja de entrada en Responder, Leer o Reconsiderar, y luego archivar o borrar el resto. *Si no requiere de ninguna de estas acciones, no tiene por qué quedarse en tu bandeja de entrada* (más adelante hablaremos sobre archivar correos). Pero más importante que hacer la gran transición a esta estructura de una sola vez es entender cómo la usarás día tras día. Es recomendable que clasificar, responder, leer y reconsiderar las veas como actividades separadas, tal como cuando lavas tu ropa y divides las tareas en doblar, colgar y emparejar calcetines, porque son actividades diferentes. No las mezcles.

  Cada día elijo un momento (para mí, en las mañanas funciona mejor) para revisar mi bandeja de entrada y acomodar los correos nuevos en estas cuatro canastas. En Gmail puedes usar herramientas como «avance automático» (ir al siguiente correo automáticamente) y los atajos de teclado para potencializar la velocidad con la que clasificas. Puedes considerar que esta parte de tu día *solo* se trata de acomodar correos y de responder los que toman menos de tres minutos. En tu planificación por hora debes tener un bloque de tiempo asignado para esto. La acción de vaciar la bandeja de entrada en tus canastas es lo que yo llamo «bandeja de entrada cero» (que equivaldría a vaciar la secadora). Todo se saca y se acomoda en tandas. Ahora ya has preparado a tu yo del futuro estableciendo exactamente lo que tiene que hacer con ese correo. Abrir un mensaje y marcarlo como no leído, tal como cuando regresas un pantalón aún húmedo a la ropa seca, termina frustrando a tu yo del futuro, porque vas a tener que abrir y decidir acerca de ese correo una vez más, lo cual es una pérdida de puntos de energía. «Espera, ¿por qué abrí esto?», «¿Lo contesté?», «¿Qué dije que tenía que hacer con esto?». Así es como la gente termina interactuando con un solo correo cinco o seis veces antes de archivarlo.

Una vez que tienes tu bandeja de entrada cero, debes encontrar y programar el tiempo a lo largo del día (también incluido en tu plan por hora) para aislar tus canastas y ver *únicamente* lo que tienes que hacer en cada una. Basta con revisar tus correos de la canasta de «Responder», bloquear todo lo demás, ¡y responder! Luego, durante el tiempo que programaste para leer, *solo* revisa tu bandeja de «Leer» y ya. Cuando abras tu bandeja de entrada, solo debe contener los correos nuevos que llegaron desde la última vez que clasificaste tu correo, lo cual puedes hacer entre dos y cuatro veces al día para mantener la bandeja de entrada cero.

Meter cosas en canastas es una gran manera de hacer tareas por tandas: eres eficiente y gastas menos puntos de energía cuando realizas acciones similares en un solo momento. Después de doblar cinco camisas seguidas, eres mejor doblando camisas porque estás en ello. Lo mismo sucede cuando respondes o lees cinco correos continuos. Hacer tareas en un mismo momento, y no esporádicamente a lo largo del día, te pone en el estado de ánimo ideal y genera eficiencia.

También debes pensar en relacionar estas canastas de correo con tus niveles de energía. Si tengo una hora ininterrumpida durante mis horas poderosas y realmente quiero elaborar unas respuestas concienzudas, ese será un muy buen momento para aislar solo mi canasta de correos por responder. Si tengo dos juntas con un solo descanso de 15 minutos entre ellas, probablemente no podré vaciar mi canasta de correos por responder, pero sí puedo entrar a la de correos por leer y echar un vistazo a las noticias del ámbito. El final del día o de la semana serán buenos momentos para revisar rápidamente la canasta de «reconsiderar» antes de cerrar mi computadora.

Una vez que te hayas encargado de cualquiera de estos aspectos y los correos ya no necesiten permanecer en una determinada canasta, ¡sácalos de ahí! Muévelos al archivo o a la papelera. De esta forma, tu bandeja de entrada y tus correos estarán organizados según la siguiente acción por realizar y eso es lo que necesitas ver, pues son los únicos correos activos que tendrás. Observa la siguiente tabla para darte una idea de un plan por hora con bloques de tareas relacionadas con el correo electrónico según las cuatro canastas.

8:30 a. m.	Tomarme un café, sentarme, acomodar bandeja de entrada hasta llevarla a cero usando atajos de teclado.
9:00 a. m.	Abrir la carpeta **Responder** y dedicarme a responder correos sin interrupciones.
10:30 a. m.	Junta.
11:00 a. m.	Junta.
11:45 a. m.	Nuevamente, llevar bandeja de entrada a cero con atajos de teclado.

12:00 p. m.	Comida.
1:00 p. m.	Terminar `Responder` y trabajar en tareas ajenas al correo.
1:30 p. m.	Junta.
2:00 p. m.	Abrir la carpeta `Leer` para ver los artículos.
2:30 p. m.	Junta.
4:00 p. m.	Abrir `Reconsiderar` y darle seguimiento a lo que necesite respuesta, acomodar la bandeja de entrada hasta cero antes de irme a casa.

Este sistema te ayudará a dominar y mantener el diluvio de correos dentro de lo manejable y, mejor aún, es un sistema en el que puedes confiar. Al saber exactamente dónde está esa camisa rosa cuando la necesitas (o ese correo de tu jefe al que debes responder la próxima semana) obtienes claridad mental. Tener canastas de lavandería llenas de aspectos que has notado pero aún no terminas es tan empoderador como conocer lo que ya respondiste, porque sabes justo dónde estás parado con respecto a tu correo. Sabes si necesitas buscar tiempo adicional para vaciar tus canastas si comienzan a saturarse. Este sistema te permite tener el control absoluto, además de cambiar tu relación con tu bandeja de entrada. Por ello es un aspecto fundamental de tu camino hacia lograr tu tiempo productivo óptimo.

¿DÓNDE VIVEN LAS ACCIONES?

Con el método de la lavandería para gestionar tu correo y el embudo de listas para todos tus pendientes, es posible que, como muchas personas, te preguntes cómo conjuntarlas. Si hay algo que tienes que *hacer* con un correo que recibes, ¿en dónde meter ese bucle?, ¿en tu carpeta de correos por responder o en tu lista principal? Esto dependerá mucho de tu puesto y flujo de trabajo, pero la mayoría de las personas tienen dos listas de acciones abiertas al mismo tiempo y trabajan los pendientes de ambas: su lista principal y su carpeta de correos por responder. Mi regla de oro es preguntarte: «Para determinar esta acción, ¿dónde realizaré el trabajo?». Si para tal acción tengo que responder a mi correo, lo dejo en mi carpeta de «Responder» y ese es mi recordatorio para hacerlo. Sin embargo, si el mensaje dice «Por favor, elabora esta nueva presentación y envíala a tus compañeros», esa sí será una acción ajena a mi correo, por lo que la voy a agregar a mi lista principal (o semanal, si tengo que entregar esta semana, o diaria, si tengo que entregar hoy, etc.). Algunas personas tienen tan pocas acciones en su correo que de hecho les parece sensato agregarlas a su lista principal. Otras quizá tengan un puesto que implica responder mensajes la mayor parte de su tiempo, por lo que solamente trabajarán con sus carpetas de correos (canastas) y no necesitarán otra lista. Tal vez los mensajes instantáneos son el medio principal de comunicación de tu equipo; en tal caso, gestionas tus mensajes de *chat* y de ahí obtienes los puntos de acción y los pasas a tu lista principal. Lo que sea que funcione mejor para ti, si estás usando tu correo, querrás asegurarte de agregar un periodo en tu agenda para hacerte cargo de cada canasta como parte de tu plan por hora día con día. No caigas en la trampa común de no asignar un lapso específico para gestionar tu correo y esperes forzar un espacio entre todo lo demás. En vez de ello, programa una junta con tu bandeja de entrada al menos una vez al día.

BUSCAR ES MEJOR QUE ABRIR NUEVAS CARPETAS

Otra manera de ahorrar tiempo revisando tu correo es dejar de archivar cada mensaje resuelto en carpetas o bajo etiquetas. Diversos clientes con los que trabajo acuden a mí con un proceso para archivar todos o muchos de sus correos resueltos en carpetas. Esta fue una práctica común en los inicios del correo electrónico, porque estábamos acostumbrados a archivar hojas de esta manera, en un sistema de carpetas físicas. Sin embargo, *no se puede* buscar entre 4 500 hojas de papel una con ciertas palabras, por lo que fue necesario un sistema de archivo. Sí puedes buscar entre 4 500 correos, así que la idea de que todo deba acomodarse en carpetas es obsoleta. De hecho, estás usando más puntos de energía para archivar algo en una carpeta y buscarlo luego, que lo que gastarías simplemente buscándolo cuando lo necesites. Un estudio de IBM sugiere que de hecho ahorras el 54% de tu tiempo buscando un correo entre un grupo grande de ellos que archivándolos con la idea de después buscar uno en esas carpetas.

En vez de archivar en carpetas los que ya leíste y respondiste, archiva los correos que necesites revisar más tarde en *un* gran contenedor; en Gmail se llama «Todos». Luego apréndete bien las funciones de búsqueda de tu programa de correos. Por ejemplo, en Gmail puedes buscar específicamente cualquiera entre dos fechas, de cierta persona, que tenga o no ciertas frases, e incluso el tamaño del archivo adjunto. Archivar correos en carpetas tiene su mérito, pero es limitado. En vez de «Cada correo que me envíe mi jefe» o «Cada correo de la escuela de mi hijo», piensa en usar «Ideas nuevas para proponer ventas» o «Recetas que quiero intentar». Tal vez, si eres un gerente, quieras crear una carpeta para cada persona de tu equipo en las que archives correos que te ayudarán a evaluar su desempeño. Cualquier etiqueta o carpeta que hagas para archivar debe ser para *un grupo de correos que son difíciles de buscar* y que *en algún momento* necesitarás consultar, por ejemplo, cuando llega el tiempo de escribir la revisión anual o cuando se presenta una oportunidad de intentar una receta nueva.

VE AL GRANO Y RESPONDE

Cuando se trata de escribir y responder, a mí me gusta enviar el tipo de correo que me gustaría recibir. Me encanta cuando los correos son breves, amigables, van al grano, tienen balazos, establecen claramente el objetivo (y hasta tal vez resumen al final), e incluyen una fecha límite si aplica. Si te sientes molesto cuando recibes un correo con un hipervínculo hacia una lista que pudo incluirse en el cuerpo del mensaje, recuerda ese sentimiento y, cuando escribas tu propio correo, incluye dicha lista en el cuerpo en lugar de un enlace que lleva a otra parte. Escribir correos es una gran oportunidad para usar herramientas como Duet AI como punto de partida de lo que quieres decir. Pide lo que necesitas y luego reitéralo.

Responde todos tus correos dentro de 24 horas, pero no resuelvas *todos* los correos dentro de las 24 horas.

Nadie disfruta trabajar con alguien que no responde sus correos. Muchas ineficiencias vienen de personas que vuelven a contactar o actualizan un correo porque no han recibido respuesta de alguien. Si no respondes un mensaje, seguramente recibirás otro (¡más puntos de energía!). Como comentamos en el capítulo 11, esa presión se sigue acumulando. A un segundo correo le sigue un mensaje directo para llamar tu atención, lo cual resulta en una junta adicional en tu agenda. Evita este enredo respondiendo de inmediato. Responder no significa completar la acción que te solicitan, sino confirmar que recibiste el correo, lo que piensas hacer y cuándo responderás formalmente. Algunas respuestas pueden ser:

- «¡Hola! Recibí tu solicitud y estaré pensando en ello durante estos días. La próxima semana me pondré en contacto contigo».
- «Gracias por tu correo. El próximo martes tengo programado trabajar en esto, así que me pondré en contacto contigo el miércoles de la siguiente semana».
- «¡Hola! Esto está entre mis pendientes, pero no estoy seguro de cuándo podré atenderlo; si no tienes noticias mías el próximo mes, por favor, vuelve a contactarme».

Responder de inmediato y luego incluirlo en tu canasta de correos por responder puede prevenir el juego de adivinar «¿Habrá leído mi correo?», «¿Debería contactar a esta persona desde otra plataforma?». Asimismo, implementas la mejor práctica de avisar cuando ya estás trabajando en algo y evitas que te vuelvan a mandar un correo.

- «¡Hola! Sigo esperando la aprobación antes de poder continuar con esto, ¡seguimos en contacto!».
- «¡Hola! No me he olvidado de esto, ¡sigo trabajando en ello!».

Las personas simplemente quieren saber si recibiste su correo, que estás trabajando en lo que te pidieron y cuándo pueden esperar una respuesta o entrega. Solo quieren ser escuchadas. Las personas que avisan por correo con anticipación de esta forma destacan entre los demás porque demuestran estar al día con sus pendientes. A todos nos gusta trabajar con alguien que tiene estas prácticas de correo, ¡personal o profesionalmente! La manera en que respondes (¡o no!) puede ser el gran factor de la percepción que la gente tenga de ti, dentro o fuera de tu trabajo. A nadie le gusta colaborar con una persona que no responde sus correos. Crea una «reputación de contestación» estando al día con tu bandeja, aun si no resuelves todo de inmediato.

Dominar tu correo, tus juntas, tu tiempo, la distracción y los demás aspectos de los que hemos hablado en capítulos anteriores son los elementos básicos de la nueva productividad. Conforme incorporamos estas herramientas y técnicas en nuestro trabajo, no solo descubrimos que somos más productivos y estamos menos estresados, sino que también podemos ver beneficios que se extienden más allá del lugar de trabajo. Y eso es lo que exploraremos en la sección final del libro.

PRÁCTICAS DE PRODUCTIVIDAD

- ▲ Desecha de tu bandeja de entrada los correos que *no* necesitas ver utilizando los filtros y las reglas.
- ▲ Destaca los correos que *sí* necesitas ver, los que te envían tus VIP, clientes importantes o servidores de listas relevantes.
- ▲ Crea tres canastas para tu correo (Responder/Leer/Reconsiderar) y vacía tu secadora (bandeja de entrada) para meter todo

en esas tres canastas (carpetas) y llegar a la «bandeja de entrada cero». Revisa tus canastas todos los días y lleva a cabo las acciones apropiadas para tus correos, asegurándote de haber asignado el tiempo respectivo en tu agenda.

▲ Aprende las funciones de búsqueda del programa de correos que utilizas en vez de archivar en carpetas.

▲ Escribe correos que sean claros y vayan al grano, usando programas de IA como punto de partida.

▲ Responde a tus correos de inmediato tan solo para confirmar con el remitente que recibiste su mensaje, lo que piensas hacer y cuándo.

PARTE V

Cómo vivir bien mientras haces todo

CAPÍTULO

17

RUTINAS *CUANDO:ENTONCES*

Si hay algo que he aprendido de liderar talleres de productividad, asesorar ejecutivos y ser madre de familia es que *la gente ama las rutinas*. Ya sea una tradición de las vacaciones anuales, una noche de cine mensual, una comida favorita semanal o simplemente un ritual para irse a dormir, las rutinas crean ritmo en nuestras vidas, y este ritmo es algo que podemos capitalizar.

En 2006, un estudio de la Universidad de Duke arrojó que aproximadamente el 45% de nuestros comportamientos diarios son hábitos. Si bien hoy en día existe una enorme tendencia de formar o de tener *hábitos* (cosas que haces sin pensar), en vez de esto quisiera enfocarme en crear *rutinas* (acciones naturales de pasos a seguir). Los hábitos requieren motivación, mientras que las rutinas fluyen naturalmente con la intención.

Como mencioné en el capítulo 3, comenzar tu semana diciendo «Tengo que cocinar la cena noche tras noche» se siente abrumador y como si no estuvieras seguro de por dónde empezar. Sin embargo, si piensas en temas (lunes sin carne, martes de pasta, miércoles de sopa, jueves de recetas nuevas y viernes de comida para llevar), de pronto las tareas de cocina se sienten menos intimidantes. He reducido el panorama de la actividad y ahora tengo una estructura para ayudarme a discernir qué hacer. Aún tengo licencia creativa y tal vez pueda hacer un platillo con ramen las noches de pasta y mezclarlo. Tampoco tengo que apegarme a esta estructura todo el tiempo; tal vez un miércoles no tengo ganas de cocinar y pido comida a domicilio. O tal vez tengo una semana particularmente ocupada y no tengo la energía para intentar una receta nueva el jueves. Pero como he mencionado a lo largo del libro, implementar esta agenda *a cualquier grado* me ayudará a que cocinar la cena semana tras semana fluya mejor.

Piensa en los beneficios de este tipo de rutinas en tu trabajo y vida personal: tematizar tus días, crear un flujo semanal y uno diario en tus horarios, y, cuando se presenta algo que necesitas integrar en tu agenda, como aprender piano, no te confíes en que vas a elegir un buen momento y a encontrar la forma de hacerlo; más bien, crea una rutina que le abra un espacio a eso fácilmente.

HAZ QUE SE QUEDE CONTIGO

> El mayor obstáculo a la productividad es poner algo en tu lista de pendientes sin tener idea de cuándo realmente lo llevarás a cabo.

Llamo a este tipo de rutinas *cuando:entonces*. Para crear un comportamiento nuevo tenemos que crear un disparador para realmente hacerlo, de otro modo siempre se quedará como algo que hemos estado queriendo hacer.

He tocado el piano por veinte años, pero tenía la meta de aprender canciones nuevas. Me inscribí a clases, porque sería algo con estructura a lo que tendría que asistir y asegurarme de continuar en ello. Pero como había tomado clases por más de una década, realmente no necesitaba instrucción nueva, ¡fácilmente podía aprender sola las canciones! Solo necesitaba el tiempo y el impulso para hacerlo. Para muchas personas ese «algún día» nunca sucede y se vuelve un «En serio me gustaría...» o «Tengo la intención...». Muchas veces, las metas grandes e idealistas, los proyectos creativos y el autocuidado terminan en la categoría de «haber tenido la intención». Pero esos son los asuntos para los cuales es más relevante crear un *cuándo*, sobre todo si han estado flotando en nuestra lista principal eternamente.

Cuando llegó el momento de identificar el *cuando* para aprender canciones nuevas en el piano, sabía que las noches serían mi mejor momento para practicar, porque los niños estaban durmiendo y no necesitaban mi atención (es lo bueno de que mi piano tenga audífonos). Ahora tenía que identificar el *cuando* que sería mi recordatorio para hacerlo. Decidí que cada noche después de llevar a los niños a dormir, *cuando* saliera de la recámara de mi hija (a ella la llevo a dormir al final), *entonces* caminaría directo al piano. Dejé como queso suizo esa tarea para que sintiera que se podía quedar conmigo. Mi única meta era caminar de la recámara de mi hija al banquillo del piano y sentarme.

Al principio solo caminaba directamente hasta ahí, tocaba una canción que ya me sabía y me iba. A veces era solo por cinco minutos o menos. No me permitía bajar las escaleras y ver muebles que podría limpiar o comenzar a ver un programa de televisión. Pronto se volvió algo casi automático. Actué como mi propio asistente y colocaba una partitura nueva en la mañana, con la esperanza de que eso impulsara a mi yo del futuro (de esa noche) a aprender algo nuevo. Una vez que vi la nueva música desplegada, me sentaba y me aprendía algunas nuevas notas de la pieza. Algunas noches me aburría, tocaba por diez minutos y eso era todo. Algunas noches cuando menos me daba cuenta, ya había pasado una hora. Mi esposo comenzó a darse cuenta de que hacía eso todas las noches, así que empezó a hacer lo suyo en el momento en que metíamos a los niños a la cama, sabiendo que yo no estaría lista para ver un programa juntos o jugar un juego de mesa hasta que terminara. Realmente se quedó como una rutina y se volvió parte del ritmo diario. El progreso sucedió gracias a que originalmente programé que la nueva rutina empezara justo después de dormir a mi hija (lo que sé que haré todas las noches).

Un estudio que publicó el *European Journal of Personal Psychology* en 2009 arrojó que el tiempo promedio que toma automatizar un comportamiento nuevo es de 66 días. Pero tal vez descubras, como me sucedió a mí, que con un sólido *cuando:entonces*, esto sucede mucho más pronto, porque tuve el mismo disparador (la hora de dormir de mis hijos) todas y cada una de las noches.

Puedes aplicar este ejercicio *cuando:entonces* para cada cosa que quieras lograr. Puedes asignar que un día de la semana sea tu *cuando;* por ejemplo: domingos de autocuidado. Mantener la tranquilidad en ello quitará la presión y te dará la flexibilidad de hacer algo sencillo (como pintarte las uñas o tomar un largo baño de tina) o más significativo (¡eventualmente reservar un domingo en un *spa*!). Regresando al ejemplo del piano, comencé con algo pequeño, es decir, tocar canciones que ya me sabía y me gustaban; con el tiempo aprendí unas completamente nuevas. Si hubiera comenzado con música nueva, me habría detenido a mitad del camino.

Además de usar un día específico como *cuando*, también puedes elegir una hora, acción o disparador específico para tu rutina. Tal vez otras de mis rutinas *cuando:entonces* te inspiren:

- ▲ *Cuando* se realiza nuestra junta de equipo mensual, *entonces* después paso treinta minutos tomando notas en mi carpeta de revisión anual acerca de en qué he estado trabajando (algo que quería hacer mes con mes).

- ▲ *Cuando* es el primer día del mes, *entonces* les doy a mis perros la medicina para prevenir parásitos de la dirofilariasis.

- ▲ *Cuando* es lunes, *entonces* lavo la ropa de todos en la casa y la aviento en mi cama para que no me pueda ir a dormir hasta que la haya guardado.

- ▲ *Cuando* es el segundo sábado del mes, *entonces* mi esposo y yo salimos a una cita romántica.

- ▲ *Cuando* voy a comprar la despensa, *entonces* tomo lo que he reciclado y lo dejo en el centro de reciclaje junto al supermercado.

- ▲ *Cuando* es miércoles en la noche, *entonces* veo *Survivor* de la CBS y me pinto las uñas.

- ▲ *Cuando* llega el momento de enviar mi actualización semanal a mi jefe, *entonces* también reviso rápidamente mi carpeta de correos por reconsiderar, para ver si no me falta nada de la semana.

- ▲ *Cuando* restan cinco minutos para que quede lista la cena, *entonces* pongo un temporizador por cinco minutos y les digo a mis hijos que guarden sus juguetes y los libros antes de sentarse a cenar.

- ▲ *Cuando* es jueves, después de la siesta de mi hija, *entonces* tengo lista alguna actividad creativa o artística para que ella la haga y todos esos materiales para manualidades se usen.

- ▲ ***Cuando*** es viernes en la noche, *entonces* cenamos pizza y jugamos un juego de mesa familiar o vemos una película para toda la familia.

- ▲ ***Cuando*** me cepillo los dientes cada noche, *entonces* hago cualquier cosa que quisiera hacer diario, como tomarme una vitamina o repetir mis afirmaciones diarias.

- ▲ ***Cuando*** es martes, *entonces* mi familia y yo participamos en una rutina sin tecnología desde la cena hasta la hora de ir a la cama (más sobre los martes sin tecnología en el capítulo 18).

- ▲ ***Cuando*** es 4 de julio (día de la Independencia estadounidense) o Año Nuevo, *entonces* hago lo que quiero hacer cada seis meses, como remplazar los filtros de mi casa, mi rímel, lavo los cojines del sillón y un montón de otras cosas (tengo una larga lista de seis meses).

- ▲ ***Cuando*** es mi cumpleaños, *entonces* programo mis citas anuales con médicos que necesite, como un examen de la vista o físico.

Las rutinas te quitan pendientes de encima y de tu cerebro porque reservaste un tiempo y lugar específicos para llevarlas a cabo más tarde. La idea de lavar los cojines del sillón del jardín alguna vez podría perseguirme todo el tiempo para espantarme. Pero en vez de eso, uso puntos de energía mínimos y pienso en ello solo dos veces al año porque he asignado un momento exacto para ello cada seis meses y confío en mi sistema. No me descubro pensando «¿Cuándo fue mi último examen de la vista?», porque sé que siempre es en diciembre, en la semana de mi cumpleaños. Estos ritmos y rutinas se quedan contigo, te facilitan la vida y la hacen más disfrutable.

MEMORIAS ADJUNTAS

También puedes usar la asociación *cuando:entonces* como un dispositivo mnemotécnico de una sola vez. Digamos que estoy acostada en la cama antes de irme a un viaje y recuerdo que olvidé empacar algo. Me visualizo ejecutando algo que haré en la mañana, luego, inmediatamente visualizo esa versión de mi yo del futuro acordándose de lo que necesito. Pienso «Cuando descuelgue las llaves, entonces me voy a acordar de que necesito el cargador de mi teléfono» tres o cuatro veces. A la mañana siguiente, cuando voy por mis llaves, esa asociación se hizo con tanta eficiencia que la imagen del cargador de mi teléfono me viene a la mente. Unir algo a otra cosa asegura que no se te olvidará. Se me ocurrió esto como una estrategia para recordar los pendientes cuando en una ocasión no pude acceder a mi lista de captura; ahora la uso casi todos los días y se la he enseñado a los demás.

Otra manera de usar el *cuando:entonces* es al decidir dónde colocar los objetos en tu hogar o sistema organizacional. Digamos que no estás seguro de dónde guardar la cinta adhesiva en tu casa. Imagina que la perdiste; el primer lugar que viene a tu mente para buscarla es donde deberías guardarla inicialmente. Así que imagina que tu *roommate* te dice: «Oye, no puedo encontrar la cinta adhesiva, ¿sabes dónde está?». ¿Cuál es el primer lugar que te viene a la mente? ¡Ese debería ser el lugar para guardarlo! Primero pones a prueba la conexión «Cuando necesite la cinta adhesiva, entonces buscaré aquí» que tu cerebro ya estableció y luego la usas a tu favor al ponerla en su lugar natural.

APROVECHA LOS INICIOS NATURALES

Además de agrupar lo que debe suceder según su frecuencia diaria, semanal, mensual o anual para facilitarte la vida, puedes aprovechar los comienzos. En *¿Cuándo? La ciencia de encontrar el momento preciso*, Daniel Pink habla de evitar los comienzos falsos usando el poder de las marcas temporales para hacer comienzos frescos, como el lunes, el primer día de la semana, el primer día de un mes, el primer día en el trabajo nuevo, o el Año Nuevo. Nuestros cerebros están diseñados para pensar en estos días como comienzos nuevos. Queremos aprovecharlos. Tienes muchas más probabilidades de mantener una rutina si la comienzas en lunes en vez de en jueves o viernes.

Crear rutinas y usar el modelo *cuando:entonces* elimina el estrés y la ansiedad de recordar realizar tareas incluso antes de llevarlas a cabo. Nos ayuda a encontrar el tiempo y espacio adecuados para lograr esos asuntos de «algún día» que hemos querido hacer. Cuando hay mayor rutina y ritmo, hay menos distracción y más espacio mental para hacer aquello que queremos y necesitamos hacer. Pero, como resaltamos en el capítulo 16, mientras haya computadoras y otros dispositivos digitales en nuestro mundo (y siempre los habrá), el estrés y la distracción estarán esperando en el umbral. Tomarte pequeños periodos lejos de esos dispositivos puede ser lo más sano para tu bienestar y una de las mejores maneras de volver a impulsar tu tiempo productivo óptimo.

PRÁCTICAS DE PRODUCTIVIDAD

▲ Encuentra algo que has querido hacer «algún día», pero que sigues descuidando o poniendo de lado para que suceda en alguna fecha ambigua. Adjúntala a otra actividad en el mismo horario y crea una rutina para ello.

▲ Usa el poder de las asociaciones *cuando:entonces* para acordarte de algo; encuentra un lugar natural para tus pendientes e inspira acciones.

▲ Identifica algunos comienzos naturales en tu calendario, como el primer día del mes o tu cumpleaños, para comenzar nuevas rutinas y así darles la oportunidad de mantenerlas más fácilmente.

CAPÍTULO

18

MARTES SIN TECNOLOGÍA

Si has oído del FOMO, sabes lo que significa: miedo a perderte de algo (por sus siglas en inglés: *fear of missing out*). Pero recientemente ha incrementado la popularidad del JOMO, o *joy of missing out*, es decir, la alegría de perderte de algo. La idea es que a veces somos más felices cuando nos perdemos ese correo, texto, pódcast o planes que realmente no queríamos llevar a cabo. En el blog de la página de *Psychology Today,* la doctora Kristen Fuller escribió: «JOMO te permite ser quien eres en el momento presente, lo cual es el secreto para encontrar la felicidad. Cuando liberas ese espacio de competitividad y ansiedad en tu cerebro, tienes mucho más tiempo, energía y emoción para conquistar tus verdaderas prioridades».

JOMO = la alegría de perderte de algo.

Como he mencionado a lo largo de este libro, *la mente en calma es donde sucede la magia*. Es donde se crean nuevas ideas, se restructuran las viejas, se ganan puntos de energía y se absorbe y procesa la información. Todos nuestros ruidosos dispositivos han invadido mucho de ese tiempo de calma. Hace cientos de años, los humanos hacían viajes de días enteros a caballo sin nada más que los distrajera que los paisajes de la naturaleza, el estar al aire libre y la compañía de otros. Hoy apenas podemos cenar con un amigo sin revisar nuestro celular.

Realmente creo que el trayecto hacia una vida más intencional y productiva comienza examinando nuestra relación con la tecnología. ¿Te estás dando una hora de silencio todos los días? ¿O estás saturando cada momento con una revisión rápida de tus redes sociales o de las noticias? ¿Te despiertas para comenzar tu día o para revisar tu correo? ¿Al pasar tiempo con tus propios hijos, cuando menos te das cuenta, estás viendo un video en redes sociales de los hijos de alguien más? Ciertamente la tecnología es útil y establece un puente para lidiar con muchos vacíos en nuestras vidas, pero debemos observar cómo puede funcionar a nuestro favor y no en contra.

EL RETO

No soy de las personas que establece propósitos de Año Nuevo radicales (creo que los pequeños cambios graduales son más efectivos), pero hace un tiempo mi esposo y yo decidimos comenzar el nuevo año con un pequeño cambio: tratar de estar lejos de nuestros dispositivos entre la cena y la hora de dormir una noche a la semana. Comenzamos nuestras propias noches de martes sin tecnología, en las que teníamos actividades como juegos de mesa, rompecabezas, tiempo al aire libre o nuevos pasatiempos creativos.

Como el ejercicio requería un compromiso mínimo, fue fácil conservarlo y terminó siendo divertido y relajante; lo mantuvimos un año entero. Esos martes terminaron siendo nuestras noches favoritas. La tecnología es muy benéfica para ayudarnos a trabajar, juntarnos con otros, además de facilitar caminos para lograr más objetivos. Pero incluso para computadoras que funcionan en tiempo productivo óptimo, resulta crucial reiniciarlas y apagarlas ocasionalmente para que su operación a largo plazo sea exitosa. Lo mismo sucede con nuestro propio tiempo productivo óptimo: una noche de apagarnos y no usar dispositivos reinicia nuestros cerebros, nos da más puntos de energía y nos encauza para el éxito de productividad a largo plazo. Al practicar la ideología JOMO solo una noche por semana abres un espacio para conexiones más satisfactorias y en persona, para tiempos de soledad en los que reflexiones más profundamente, duermas mejor y al día siguiente amanezcas más fresco.

Mi propio éxito con esta tradición semanal me hizo querer liderar un esfuerzo parecido con otros en Google. Tomé un poco de mis propios consejos de los capítulos anteriores. Supe que si quería comenzar un nuevo movimiento, necesitaba empezar con lo siguiente:

- **Un pequeño cambio:** Casi nadie quiere una reforma total, como cambiar su *smartphone* por un *flip phone*. Tuve que reducir esta tarea como queso suizo y decidí enfocarme en una meta asequible, como apagar el teléfono durante unas horas.

- **Una rutina cuando:entonces:** «Elige una noche a la semana» es mucho menos poderoso que «Martes sin tecnología». Es contagioso, encauza, genera ritmo y estructura. *Cuando* sea martes, *entonces* haré algo que no implique usar tecnología. Escogí los martes en la noche más que nada porque en inglés *tecnología* y *martes* empiezan con la misma letra.

▲ **Un comienzo natural:** La mitad de julio se sentía como un comienzo al azar para esta iniciativa, pero el inicio del año podría sentirse más natural. Las personas por lo general están evaluando su productividad y quieren hacer cambios mayores porque algo nuevo comienza. Decidí que el reto comenzaría en enero.

Estas reflexiones me llevaron a comenzar el reto anual de «Noches de martes sin tecnología» en Google: los martes de enero y febrero (u otra noche de la semana de tu elección) no usaríamos nuestros dispositivos y pantallas desde la hora de la cena hasta la hora de dormir. Durante los últimos cinco años, más de 2 500 personas han aceptado el reto año con año; los resultados han sido increíbles.

Casi toda la retroalimentación que escucho sostiene que al principio es difícil, pero al final vale la pena. En los últimos cinco años, la retroalimentación en general incluye comentarios de que los participantes...

▲ Se sorprenden por el número de veces que toman el teléfono para revisarlo.

▲ No pueden creer cuánto tiempo libre les queda esa noche.

▲ Duermen mucho mejor.

▲ Tienen contactos humanos más satisfactorios, lo que no sucedería si la tecnología estuviera presente.

▲ Se entusiasman por cuántos compañeros de equipo / gerentes / colegas / amigos no solo los apoyaron, sino que se les unieron.

▲ Descubrieron que al día siguiente tenían mucha más energía.

- Finalmente encontraron el tiempo para pasatiempos creativos.

- Notaron que si durante una noche dejaban a un lado un problema en el que tenían que trabajar, al día siguiente encontraban mejores soluciones.

- Se dieron cuenta de que sus familias, sobre todo los niños, aman la iniciativa.

- Planean incorporar el reto a largo plazo o extenderlo.

Al completar el desafío, cada año planteo dos preguntas importantes de falso / verdadero. Puedes ver los resultados tú mismo:

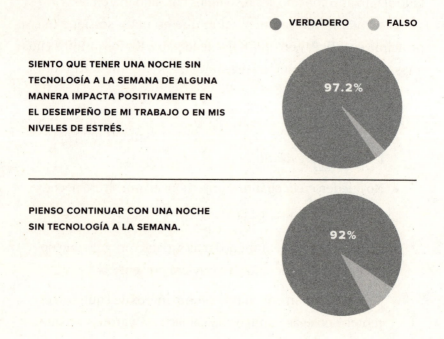

Yo brincaba de alegría, pero no me sorprendía descubrir que los que participaban en el reto reportaban una diferencia en su estrés, bienestar y desempeño general, y que la mayoría planeaba continuar. Algunos participantes han estado haciendo el reto por cinco años y lo han mantenido cada martes desde el primer año que empezaron.

Si bien la retroalimentación cuantitativa habla a mares, la retroalimentación cualitativa dice aún más. Algunas de mis citas favoritas son:

- ▲ «Luego de cuatro semanas, finalmente entendí lo que el autor de Winnie Pooh quiso decir con "no hacer nada suele llevar al mejor resultado de algo"».

- ▲ «Mi sueño mejoró, tengo ideas geniales, me siento inspirado e increíble. ¡El martes es mi día favorito! :)».

- ▲ «Este reto también me dio la oportunidad de autorreflexionar. Me hizo darme cuenta de cuánto tiempo paso con mis dispositivos y lo fácil que es quedar atrapado en un nuevo ciclo deslizando la pantalla, refrescando contenido y revisando notificaciones».

- ▲ «Estaba concentrado en un problema de mi trabajo y tratando de resolverlo cuando sonó la alarma para empezar la noche de martes sin tecnología. Por lo general, habría pasado horas pensando en el problema e intentando solucionarlo, pero esa vez me desconecté. La mañana del miércoles al despertar se me ocurrió la mejor solución. Estoy convencido de que fue porque dejé que mi cerebro descansara».

- ▲ «Contrario a mi expectativa, a mis hijos les encanta. Entendí que la razón por la que pasan las noches en sus dispositivos es porque yo estoy en el mío. Me senté a hacer un rompecabezas con mi hijo de 13 años y tuvimos una conversación significativa, lo cual escasea en estos días».

DIEZ CONSEJOS PARA UNA DESINTOXICACIÓN DIGITAL

Tal vez una noche libre de tecnología se sienta como un compromiso demasiado grande para ti. Está bien. Puedes reducir el reto hasta dejarlo como queso suizo y simplemente encontrar pequeños hábitos a lo largo de tu semana o de tu día para hacer estas conexiones profundas y tener momentos de claridad. Los siguientes son mis diez consejos favoritos para dar pequeños pasos hacia la desintoxicación digital:

1. **Deja descansar a tu teléfono, idealmente una hora antes de dormir.** Mantén el hábito y programa una alarma que te recuerde que debes guardar tu teléfono, tal vez dejarlo cargando.

2. **Dale a tu celular una habitación distinta de la tuya.** Sube el volumen si necesitas oírlo en caso de emergencia. Si no lo puedes colocar afuera de tu recámara, al menos ponlo al otro lado de tu cama, para que tengas que hacer un esfuerzo extra para tomarlo.

3. **Trata de hacer *una* cosa antes de tomar tu teléfono en la mañana.** Prepárate un café, báñate o vístete antes de tocar tu celular.

4. **Encuentra ventanas breves de tiempo para poner tu teléfono lejos.** Déjalo en casa mientras sales a ca-

minar, mientras llevas a tus hijos a la cama o mientras almuerzas. Lo que puedas hacer que le dé a tu cerebro momentos de claridad para que pueda pensar en todo eso que necesitas dejar impregnar en tu cabeza.

5. **El método de exclusión:** Recuérdate que tienes que hacer algo por 15 minutos antes de involucrarte con la tecnología en las noches. Por ejemplo, entre semana, antes de encender la televisión, recuerda que tienes que tejer por 15 minutos. Que la actividad sea lo suficientemente breve para que se sienta como algo que puedes mantener.

6. **Cambia el fondo de pantalla de tu teléfono o computadora a algo neutral,** como una imagen del pasto o simplemente un fondo blanco. ¿Por qué?, porque es aburrido tomar una pantalla en blanco; habrá una menor emoción por experimentar que si vieras una linda foto de tu perro. Si quieres dar un paso más, te recomiendo configurar tu celular a escala de grises, lo cual también reduce la tentación de tomarlo.

7. **Cambia teléfonos con tu pareja / socio /** *roommate* mientras ves la televisión o cenas. ¿Alguna vez has revisado el correo o redes sociales de alguien más? Es aburrido.

8. **Elimina aplicaciones de redes sociales y noticias de tu teléfono** y solo revísalas en tu computadora. El hacerlas un poco menos accesibles evitará que las uses por costumbre, y tener que deslizar la pantalla usando

tu ratón en vez de tu pulgar las volverá menos atractivas. Como alternativa, establece un horario en tu celular para acceder a estas aplicaciones o impón límites de tiempo.

9. **Usa el método del intercambio:** Gánate un minuto de tiempo de pantalla por cada minuto que pases al aire libre (nuestro pediatra insiste en esto para los niños en su libro *Healthy Kids In An Unhealthy World*). Dite que primero necesitas estar afuera por una hora antes de ganarte una hora de televisión.

10. **Considera algunos de estos puntos adicionales para ayudarte a reducir tu dependencia al celular:** Consigue un despertador antiguo, usa un teléfono fijo o consigue una caja con llave para tu teléfono que se abra solo cuando suene la alarma de que terminó la hora de dormir de tu teléfono.

La desintoxicación digital, incluso solo esa noche por semana, crea el espacio mental que necesitamos para prosperar en nuestro trabajo y en nuestras vidas, así como para conectar social y emocionalmente con nuestros colegas, nuestras familias y nosotros mismos. Disipa la neblina mental y nos brinda un reinicio que previene el agotamiento y promueve tu tiempo productivo óptimo. Quizá descubras que una vez que has tomado estos pequeños pasos, puedes alejarte todavía más de tus dispositivos, incluso de forma tajante a lo largo de la semana, y que cuando los estás usando, lo haces mejor y con mayor intención. Como hemos visto, aun el cambio más mínimo puede hacer una gran diferencia. Otro de estos pequeños cambios podría ser comenzar tus mañanas de diferente manera para controlar la dirección de tu día.

PRÁCTICAS DE PRODUCTIVIDAD

▲ Elige una noche de la semana en la que sea factible alejar la tecnología desde que te sientas a cenar y hasta la hora de ir a dormir. Fíjate qué sucede y toma nota de los beneficios.

▲ Encuentra pequeños momentos a lo largo del día para desconectarte de tus aparatos. Conforme estos momentos de desconexión se vuelvan un hábito, pregúntate si has cambiado tus hábitos en general con respecto a la tecnología.

CAPÍTULO

19

MAÑANAS DE ATENCIÓN PLENA

Tras el éxito del desafío de los martes sin tecnología, decidí agregar un componente: miércoles de despertar. Esto se basaba en la idea de que podías navegar por tus noches de paz y desconexión tecnológica (seguidas de una buena noche de sueño) hasta una hora más la mañana siguiente. Empezar tu mañana con treinta minutos o una hora de hacer lo que quieras, sin conectarte a la tecnología, te encauzaría para un gran día, porque asegurabas hacer algo para ti antes de cualquier otra cosa. Esta rutina sencilla te brinda más puntos de energía para gastar en el resto del día.

Yo llamo a estos treinta minutos los «Laura 30». Me despierto antes que el resto de la familia y hago lo que quiera, durante media hora, sin usar dispositivos. Por lo general empiezo con una meditación. Luego, a veces leo, con frecuencia toco el piano con los audífonos puestos, en ocasiones leo tarjetas con afirmaciones o escribo mi diario. Otras veces hago ejercicio, si sé que no podré por el resto del día. El punto es que esos treinta minutos son la rutina. Son mi tiempo para hacer lo que quiera antes de pasar el resto del día haciendo lo que todos los demás quieren. No siempre planeo lo que haré con anticipación. Decido esa mañana según mi humor.

Un bloque de media hora afecta mi día entero y evita que me sienta como si rodara cual barril fuera de mi cama, revisado mi correo y entrado en modalidad mamá, seguida de modalidad trabajo, seguida de modalidad mamá otra vez. Aun si hago todo eso, me consuela saber que comencé mi día conmigo, llenando mi vaso antes de verter mi energía en la de todos los demás. Acortar mi noche treinta minutos más temprano para ir a dormir y abrir un espacio para este horario a la mañana siguiente no cambia demasiado mis noches. Sin embargo, hacerlo me permite despertar y tener esos minutos ininterrumpidos la mañana siguiente, lo cual hace una gran diferencia en mi día. Esos mismos minutos al otro lado de mi horario de dormir generan un impacto inmediato y positivo en mi día.

Aquí algunas de las mejores retroalimentaciones de los miércoles de despertar que recibí cuando organicé este reto para mis colegas de Google:

- «Me encantan los martes sin tecnología, pero los miércoles de despertar demostraron ser aún mejores. Suelo leer las noticias y ponerme al día con mis notificaciones a primera hora. El no tomar mi celular de inmediato parece darme un poco más de atención a lo largo del día».

- «Me di cuenta de que pasaba mucho tiempo en las mañanas (justo después de despertarme) solo lidiando con notificaciones y navegando en redes sociales en mi teléfono o revisando correos que podían esperar. Sin distracciones así en los miércoles de despertar, he descubierto que mi rutina mañanera es más rápida y que llego a trabajar con una mentalidad más fresca».

COMIENZA TU DÍA ANTES DE QUE TENGAS QUE HACERLO

Aun si no eres una persona mañanera, te exhorto a comenzar tu día antes de que tengas que hacerlo. No permitas que el primer compromiso de tu día sea tu alarma. Empieza el día bajo tus propios términos. Los niños, una videollamada, un perro que necesita que lo paseen... nada de eso debería ser lo que te despierte. Hazlo para tener tiempo contigo mismo, aun si solo son 15 minutos antes de que los niños, el perro y la videollamada llamen tu atención.

Cuando controles tus mañanas, tendrás el control de tus días.

Las mañanas no tienen que ser acerca de productividad o de llevar a cabo algo significativo. Sundar Pichai, CEO de Google, tiene una rutina mañanera sorprendentemente sencilla que incluye *omelette* y pan tostado, una taza de té y leer el periódico de papel todos los días. Lo que hagas en la mañana es menos importante que el hecho de comenzar tu día con propósito y consistencia.

Hay una razón por la que escuchas que algunas de las personas más exitosas comienzan sus días temprano. No tienes que empezar a las cinco de la mañana, pero si te vas a dormir un poco más temprano y comienzas tu día antes de tu primer compromiso, tienes más probabilidades de lograr algo que te importa. No conozco a nadie que ponga su alarma para levantarse temprano y jugar videojuegos, entrar a sus redes sociales o maratonear una serie de televisión antes de irse a trabajar, pero quedarse hasta muy noche por lo general está repleto de este tipo de actividades. Encuentra el punto ideal de ir con tus ritmos naturales para aprovechar al máximo tus mañanas.

Asimilar los cambios en tus horarios de dormir toma tiempo. Si despertarte temprano es demasiado desafiante, reduce esta tarea como queso suizo y comprométete a despertarte solo cinco minutos antes durante unos días. Tal vez incrementes tus días de prueba luego de ver los beneficios de cinco minutos en calma y silencio. Considera probar por una semana el despertarte con una actividad de treinta minutos para ti. Al final de la semana anota cómo te sientes y pregúntate si tiene sentido continuar. Elige algo que hacer en los primeros treinta minutos de tu día para lo que valga la pena despertarte. Para mí es tiempo a solas. Para mi esposo, es un rol de canela o leer el *Wall Street Journal* sin interrupciones.

LOS TRES DE LA MAÑANA

Además de darte un tiempo extra en la mañana, yo recomiendo tres cosas que te ayudarán a mentalizarte para un día de concentración y satisfacción.

1. **Música.** La música determina el humor; es el tono o el sentimiento de fondo del que a menudo ni siquiera somos conscientes. ¿Alguna vez has estado en una reunión o fiesta que se siente un poco extraña? Te garantizo que no hay música o que esta no va con la vibra. Mi tiempo como organizadora de eventos me enseñó que la música correcta determina o perjudica el humor. Crea una *playlist* mañanera para sentirte bien o relajarte y que puedas reproducir mientras desayunas o te vistes. Usa un dispositivo inteligente para establecer una rutina y que comience a reproducirse automáticamente.

Cuando mis hijos bajan a desayunar, en nuestra cocina ya está sonando música instrumental de Disney.

2. **Iluminación.** Nada estresa más a nuestros cerebros mañaneros que una iluminación intensa o brillante; por eso mantenernos lejos de nuestros dispositivos durante los primeros minutos del día puede hacer una gran diferencia, al igual que ajustar la iluminación de nuestro hogar. Trata de bajar la intensidad de tus luces o de encender únicamente lámparas en vez del foco de la habitación. En mi casa tengo luminarias tenues en la cocina y primero abro las cortinas de las recámaras de mis hijos para despertarlos con luz natural. Incluso uso un despertador que lentamente se va encendiendo conforme llega el momento de despertar para imitar el amanecer natural.

3. **Un regalo para tu yo del futuro.** Nada es más agradable que despertar y darte cuenta de que tu yo del pasado hizo algo para que tu yo del futuro tuviera una mañana placentera y libre de estrés. No hay nada como despertar y acordarte de que anoche vaciaste el lavavajillas, preparaste el almuerzo de los niños, empacaste tu bolsa para ir a trabajar o escogiste tu atuendo. Ese sentimiento de que algo ya se hizo es tan maravilloso... Trato de tener algo placenteramente listo para cuando mis hijos bajen, como una invitación a iniciar su día; ya sea que el desayuno esté listo, su vaso de leche esté servido o poner una página para colorear con unas crayolas para que jueguen mientras cocino. Sé que se sienten bien cuando algo que se preparó para ellos los recibe, y yo me siento igual. Para mí, esto equivale a programar el temporizador del café

la noche anterior, para que esté listo cuando me levanto en la mañana. Sin mencionar que el olor del café ayuda a que mi cerebro se despierte más rápido (un gran ejemplo del estado de dependencia del que hablamos en el capítulo 10). ¡Qué placer!

EL PODER DE LA MEDITACIÓN

Si alguien me detuviera en la calle y me preguntara qué podría hacer para ser más productivo, no le diría nada acerca de listas o gestión de tiempo. Le diría que encontrara el tiempo para meditar todos los días. ¿Por qué pasar diez minutos sin hacer nada te ayuda a hacer todo? Porque la meditación cotidiana puede:

- ▲ Bajar la presión arterial.
- ▲ Aumentar la concentración y la claridad mental.
- ▲ Incrementar tu desempeño.
- ▲ Aliviar el estrés.
- ▲ Mejorar el sueño.
- ▲ Reducir la ansiedad y la pérdida de memoria.
- ▲ Incrementar tu lapso de atención.

Todo esto puede lograrse con la misma actividad, ¡tan solo diez minutos al día!

A veces la meditación se percibe como algo que la gente hace para estar en paz, lo cual es verdad. Sin embargo, hay que notar que también es un ejercicio mental en sí mismo. Es higiene mental, tal como cepillarte los dientes es higiene dental. Se trata de encontrar un espacio tranquilo *entre* pensamientos. Es la forma más rápida de enfocarte y un atajo para «entrenar» a tu cerebro». Es disipar la neblina en vez de tratar de atravesarla. Es afilar el cuchillo antes de cortar cien papas. Lo más relevante es que es la vía más directa de tu cerebro para acceder a un estado de productividad óptima. Y solo toma diez minutos al día.

Cuando no tenemos tiempo para meditar con frecuencia es cuando más lo necesitamos. Tomarte diez minutos para meditar hará que ese bloque de una hora se sienta como si hubieras trabajado por dos horas. Prolongará esos momentos con tus seres queridos y te permitirá en verdad disfrutarlos. El día de mi boda me desperté temprano para meditar, porque quería empezar con claridad mental para experimentar uno de los mejores días de mi vida (la persona que me peinó y maquilló estaba un poco enojada porque llegué diez minutos tarde, pero valió la pena). Conforme mi práctica meditativa se ha vuelto más consistente, he experimentado una diferencia considerable en cómo fluyen mis días y el tipo de pensamientos que emergen en mi cabeza. Aun si tengo que salir a las 5:00 a. m. para tomar un vuelo, me aseguro de tener tiempo de meditación porque sé lo mucho que impacta en mi día.

Al igual que ir al gimnasio, asimilar los beneficios de la meditación toma tiempo. Quizá no notes los resultados al día siguiente de haber meditado; más bien, comenzarás a ver resultados a los diez días. Luego de un mes, de seguro te sentirás diferente. Para empezar, tienes que dejar la tarea como queso suizo y encontrar el punto de partida más factible. Si diez minutos al día parecen demasiado, ¿qué tal dos? (Nunca se sabe, ¡tal vez termines sentándote a meditar diez minutos!). El tipo de meditación no importa. Meditación guiada. Meditación de *mindfulness*. Meditación con música. Hay libros, *apps*, videos en línea que te ayudarán a comenzar. Puede ser tan simple como solo sentarte en silencio durante diez minutos y escuchar tranquilamente tu aire acondicionado. A mí me gusta el sonido de un río corriendo. El acto de enfocarte en no enfocarte es lo que importa. Tal como hay diferentes tipos de ejercicio, encuentra un enfoque de meditación que te guste y tendrás muchas más probabilidades de mantener el hábito.

Una práctica cotidiana de meditación te permite sentirte más presente, te ayuda a crear más espacio entre los momentos de tu día y destaca los pequeños detalles de cada experiencia. Por ejemplo, en tu trabajo tal vez te sorprenda descubrirte muy enfocado durante una junta (sin haber tenido que acondicionar tu computadora para no tener ventanas abiertas), mucho menos estresado por una fecha límite o una lista de pendientes particularmente larga, teniendo más ideas creativas o una claridad mental más aguda, todo como resultado de una práctica de meditación cotidiana. Convencí a un compañero de empezar a meditar y luego de dos o tres semanas de práctica diaria, me dijo que, aunque la misma nubosidad/trajín en el trabajo continuaba, había logrado mirar por encima de las nubes, así que no le afectaba tanto y podía verlo con más claridad y desde una nueva perspectiva.

ENTRENAMIENTO DE LA ATENCIÓN

A veces las personas descubren que ciertas actividades crean un estado parecido al de la meditación y que pueden ser útiles *junto* a esta. Se parece a ir al gimnasio (meditación), pero *también* a llevar una vida activa (pasear a tu perro, ir a escalar, andar en bicicleta, usar las escaleras). Actividades tan simples como tejer, tocar un instrumento musical, leer un libro, armar un rompecabezas siguen siendo momentos de actividad para tu cerebro y ayudan a incrementar el músculo de la atención. Tal vez no sean tan poderosas como el tiempo que pasas enfocándote en *nada* (meditación), pero muchos descubren que estas actividades adyacentes que cultivan la atención también incrementan la claridad mental.

Yo organizo un reto de lectura anual («Un libro a la semana») en el que invito a los Googlers a leer a un ritmo de más o menos un libro semanal durante un trimestre. Comencé después de enterarme de que este es un hábito que muchas de las personas más productivas en el mundo adoptan. La lectura asidua es buena para cultivar la atención, exponerse a ideas nuevas y crear espacio mental. Un estudio mostró que leer tan solo seis minutos al día puede reducir el estrés de una persona el 68%, lo cual ayuda a disipar la mente y minimizar la tensión corporal. Muchos participantes dicen que las semanas del reto de leer terminan siendo su tiempo más productivo del año, en todos los aspectos de su vida. Qué irónico, porque están agregando más a sus pendientes al comprometerse a leer un libro cada semana. Pero como esto los hace estar más concentrados en general, programan sus agendas con mayor intención para poder cumplir con esto; además, están afinando el músculo de la atención cuando leen, así que usan el método de exclusión para usar menos las redes sociales o ver la televisión o trabajar más, porque necesitan ese tiempo para leer. Este es un gran ejemplo de cómo la productividad y el bienestar van de la mano. Para desempeñarte al máximo y generar el mayor impacto, requieres estar bien descansado y nutrido, además de ofrecerle a tu cerebro la oportunidad de relajarse con diferentes actividades, como leer.

LLEVA LA MAÑANA MÁGICA CONTIGO

Aun si no has encontrado el tiempo para una mañana de rutina «Yo 30», a continuación te presento algunas maneras en que puedes encontrar momentos, incluso un segundo o menos, de cultivo de la atención a lo largo del día e imitar esa magia que viene con una mañana de calma.

- Cierra los ojos y saborea ese primer trago de bebida caliente.

- Mantente por completo presente durante el último minuto de tu baño con agua caliente antes de salirte de la regadera.

- Apaga la música, el radio o el pódcast en tu auto durante el último minuto de tu trayecto y visualiza cómo se vería tu día si todo sucediera a la perfección.

- Ten verdadero contacto visual con quien estés hablando o interactuando (¡deberías saber el color de ojos de la persona que te tomó la orden!).

- Haz una comida o toma una colación a solas, sin dispositivos, y practica realmente enfocarte en la sensación de tus papilas gustativas.

- Usa una rutina diaria parecida a la de cepillarte los dientes o de «sujetalibros» para momentos con tu pareja/hijos/*roommate*; es decir, enfócate en estar presente tanto en tu primer saludo como en el último momento con ellos ese día.

- Absorbe cualquier momento en que estés dando un abrazo y nunca seas el primero en apartarse (¡hago esto con mis hijos!).

- Escucha un álbum completo o bien una canción entera en vez de oprimir para que comience la siguiente de inmediato (olvidarás lo mucho que te encanta todo eso).

- Practica la gratitud usando la fórmula *cuando:entonces* para lo que haces regularmente. *Cuando* me pongo los zapatos, *entonces* pienso en algo por lo que me siento agradecido. *Cuando* me lavo las manos, *entonces* trato de sentir el agua en mis manos y me arraigo en el momento presente.

▲ Cuando sales deprisa por la puerta y dejas tu hogar para empezar tu día, detente en el marco de la puerta, respira profundamente para entregarte al momento y prepárate para comenzar el día (si sales de casa en grupo, con tu pareja/familia, ¡tómense de las manos y háganlo juntos!).

Todos estos pequeños pasos se vuelven rutinas que te ayudan a encontrar paz, gratitud y atención en tu día. No tiene que ser algo inmenso o que te tome demasiado tiempo. Estas rutinas mañaneras y prácticas para cultivar la atención aunadas a una desintoxicación digital te ayudan a ser más productivo y lograr más fácilmente tu tiempo productivo óptimo.

Ahora bien, ¿cómo sabemos que lo logramos?

PRÁCTICAS DE PRODUCTIVIDAD

▲ Establece un bloque de tiempo «Yo 30» en la mañana y decide qué quieres hacer con él. Haz algo para lo que estés de humor.

▲ Establece una práctica de meditación diaria, empieza con algo pequeño y sencillo.

▲ Comienza tu mañana con música relajante, luz tenue y algo placenteramente ya hecho.

▲ Encuentra momentos a lo largo del día para cultivar la atención y disipar la mente, y conviértelos en una rutina.

CAPÍTULO

20

ALCANZA TU TIEMPO PRODUCTIVO ÓPTIMO

A ESTAS ALTURAS, YA DEBERÍAS SABER en *qué* enfocarte, *cuándo* hacerlo, *dónde* trabajar y *cómo* hacerlo bien. También estableciste las mejores prácticas mentales para vivir bien *mientras* lo haces.

Las personas exitosas y prósperas distribuyen su tiempo más conscientemente que la persona promedio (y ahora tienes las herramientas para hacer lo mismo). De hecho, esto se facilita cada vez más porque estás logrando objetivos con naturalidad y fluidez. Usas menos puntos de energía para hacer lo mismo porque fluyes con la corriente. Ser productivo no tiene que ser difícil. Cuando estás en tu tiempo productivo óptimo, puedes mantenerte ocupado con todos los asuntos correctos y fluir con tu día en un estado de felicidad y con la sensación de sostener las riendas de todos tus asuntos.

PEQUEÑOS CAMBIOS, GRAN IMPACTO

Lo importante es recordar que implementar estos consejos *en cualquier medida* provocará un cambio en tu vida y tu trabajo. Si puedes establecer tan solo un límite, si ubicas exclusivamente un lugar, si elaboras tan solo un formato de agenda y funciona únicamente el 50% del tiempo, cualquiera de esos cambios te ayudará a *sentir* una diferencia.

> La dirección importa más
> que la velocidad.

Imagina un auto en el centro de un círculo. El auto son tú y tu trabajo, y tu meta es llegar al perímetro del círculo en tu tiempo productivo óptimo. Si mueves el volante tan solo un poco en cualquier dirección y haces avanzar el auto, terminará en un punto radicalmente diferente afuera del círculo. Esto, a lo que apuntas, tu curso, tu *intención*, es mucho más importante que la velocidad en la que trabajas o qué tanto estás haciendo o produciendo. Asegurarte de que dirigir ese auto en la dirección correcta es mucho más relevante para llegar a la meta que la rapidez con la que llegaste ahí. Así puedes ver estos cambios: como pequeños ajustes en la dirección. Establecer prioridades te permite enfocarte en lo fundamental. Conocer tus propios ritmos de energía te posibilita trabajar cuando y donde lo hagas mejor. Y si bien meditar por diez minutos al día podría parecer un pequeño cambio, generará una velocidad estable y te llevará a tener absoluto control de tu dirección general.

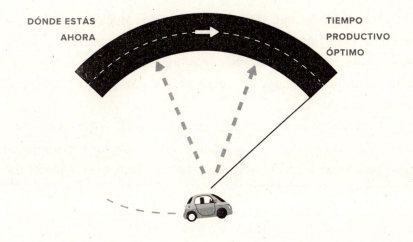

¿QUÉ SIGUE?

Tal vez te entusiasme toda la información de este libro, pero te preguntas por dónde comenzar. Quizá leíste todo el libro en un día y ahora te estés preguntando cómo se verá tu día siguiente. O es probable que te estés preguntando cómo comenzar a implementar estas prácticas gradualmente en tu vida laboral. Al final de mis asesorías les doy a las personas unos momentos para escribir tres puntos con los que se quieran quedar, y te exhorto a hacer lo mismo. Si un amigo te detuviera en la calle ahora mismo y te preguntara sobre tres cosas que aprendiste de este libro, ¿cuáles serían?

Estos serán los mejores puntos de partida, ¡resonaron contigo y tu cerebro ya los memorizó! Gran parte de las prácticas de productividad y el tiempo productivo óptimo tiene que ver con usar las fortalezas de tu cerebro (y entender sus debilidades) para maximizar tu eficiencia.

Algunas personas aman su propio sistema de listas, pero sienten que necesitan ayudan con la sobrecarga de juntas. Otras personas aman el formato de lista diaria, pero no requieren tanta ayuda para encontrar momentos de descanso. Otras quedan fascinadas con el concepto de meditación y mañanas de atención plena. Tu cerebro ya resaltó las partes de este libro que más necesitas; confía en eso y empieza por ahí. Tal vez debas regresar al capítulo que más llamó tu atención y empezar con las prácticas de productividad enlistadas al final.

Quisiera alentarte a usar esta guía como un libro de recetas (seguir instrucciones específicas en orden) o un menú de sushi (mezclar y relacionar diferentes secciones hasta encontrar la combinación perfecta para ti). ¡Pero siempre empieza con lo que más te entusiasme! Y recuerda que implementar estas prácticas *en cualquier medida* cosechará beneficios tanto en tu trabajo como en tu vida personal.

CÓMO MEDIR LA PRODUCTIVIDAD

Las personas con frecuencia me preguntan «¿Cómo mides la productividad?», «¿Cómo sé que soy productivo?». En un negocio, podemos examinar los resultados; por ejemplo, el número de llamadas de salida, las metas de facturación, la retención de empleados o la cantidad de códigos escritos. Sin embargo, cuando se trata de la productividad personal, el mejor indicador de éxito es *cómo te sientes*. Puedes preguntarte periódicamente «¿Me siento rejuvenecido?, ¿tengo las riendas de mi trabajo y estoy al día?, ¿me siento creativo?, ¿presente?, ¿en equilibrio?». Si respondes que sí, entonces has alcanzado tu tiempo productivo óptimo.

En donde sea que te encuentres, siempre hay una forma para lograr tu tiempo productivo óptimo. Con un trabajo de tiempo completo y tres hijos menores de 4 años, ciertamente hay veces en que me siento estresada o abrumada; también hay ocasiones en que las cosas no salen exactamente como planeé (como cuando mi hijo nació un mes antes, ¡justo cuando programé terminar de escribir este libro!). Cuando suceden imprevistos, tengo piedad conmigo misma y trato de retomar mis planes luego, usando exactamente los métodos que describí en estos capítulos. Tengo la esperanza de que las herramientas y las técnicas en este libro te brinden la confianza de que tienes la habilidad para llevar a cabo tus proyectos y vivir bien mientras tanto.

Muchas personas que he asesorado o a quienes les he dado *coaching* me envían correos diciéndome que están más felices, que trabajan más eficientemente y que viven con más claridad, todo lo cual es mi parte favorita. Esos testimonios me dicen que alcanzaron su tiempo productivo óptimo. Se trata de emprender impecablemente tu vida, talentos, intereses, intenciones y prioridades al mismo tiempo que permaneces en un estado de bienestar. Es el logro holístico en todas las áreas de tu vida. Ya tienes las herramientas, ¿qué vas a hacer ahora con ellas?

AGRADECIMIENTOS

Antes que nada, quiero agradecerle a Dios por darme este don, a Sundar por ayudarme a reconocerlo y a los Googlers por permitir que creciera (los más de 55 000 usuarios de mi lista de consejos semanales, *Weekly Tips,* así como muchos de ustedes que me han apoyado y alentado a lo largo de los años). ¡Este libro y mi programa no existirían sin ustedes!

Gracias a Bruce y a Dom, por las incontables horas que invirtieron en este texto; gracias por su honestidad, ideas y retroalimentación para estructurar este libro. Gracias, Bruce, por reducir mis signos de exclamación y uso de emoticones a un nivel razonable :) y por darnos a Dom y a mí la perspectiva externa que necesitábamos. Gracias, Dom, por idear el título, por enseñarme cómo suena mi voz cuando escribo y luego ayudarme a darle alas; ¡has tenido un gran impacto en mi vida y te admiro como autor!

Gracias a Ma'ayan, por darle vida con hermosas imágenes a lo que tenía en mente al escribir. Tu diseño y tu creatividad en cada capítulo contribuyeron enormemente en el producto final de este libro, ¡sin mencionar tu trabajo en mi programa durante los últimos ocho años! Gracias a mi agente, Jim Levine, por guiarme como autora primeriza y por experimentar en carne propia mis enseñanzas incluso antes de que escribiera sobre ellas (gracias a Jonathan y a Alan por su apoyo y por presentármelo). Gracias, Hollis (¡y Kirby!) por creer en mi libro desde el inicio y por confiar en mí a lo largo del proceso; ¡me ayudó a que yo confiara en mí misma!

A los Chicago Badmins (Tracy, Barb, Cadi y Kate), gracias por ser las primeras cinco personas en suscribirse a mi *newsletter* y por apoyarme desde el inicio. Gracias a Kaisa Holden por convencerme de hacer un curso g2g sobre gestión de bandeja de entrada, y gracias a Robert Kyncel y Jim Lecinski por ser los primeros en creer en mi trabajo ejecutivo. Gracias a Karen Sauder por ser mi primer brillante ejemplo de lo que significa ser una gran mamá y mujer ejecutiva. Gracias a Alison Wagonfield por patrocinar mi libro y guiarme a lo largo del proceso completo. Gracias a James Freedman, Marc Ellenbogen, Katie Wattie y Emily Singer por leer; gracias también a muchos otros incontables, por sus reseñas y apoyo a nivel interno. Gracias a Jenny Wood por entrar al mundo de la autoría conmigo, ¡no hubiera podido hacerlo sin ti! Gracias a Neil y a Gopi, por todos sus consejos. Gracias a Chadwords, por ser una persona de primera que sé que siempre tendrá tiempo para hablar conmigo y por enseñarme a usar mi tiempo *sabiamente* en el trabajo. Gracias a Kyle Moncelle (¡y a Josh!), por ser el tipo de amigos fieles y por compartir mi amor por los libros ni más ni menos. Gracias a Kate Kolbert-Hyle por ser mentora, amiga y mujer profesional cuyo ejemplo sigo. Gracias a Jess Kohen por tu apoyo y por ser la persona con la que sopeso todo y a Sca por estar ahí desde el principio. Gracias a Mark, Filipe y Lanaeschia por recordarme lo maravilloso que puede ser trabajar con un equipo y por recordarme que la colaboración sí importa. Gracias a Mama Bear Book Club y a Time Travelers Wives (Michelle, Beth, Sarah y Summer), por escuchar mis actualizaciones mes con mes, por ayudarme a encontrar ideas para los títulos y por darme cinco años de historias de misterio y asesinatos y conversaciones agradables; ¡espero que mi libro pase la prueba de nuestras reseñas de Goodreads!

Gracias a Tom Oliveri por ser un maravilloso representante y, más aún, por ser una persona cariñosa. Gracias tanto por la libertad como por la estructura para crecer y ser el caso de éxito de mi *«biggest loser»*. Gracias a Anas por enseñarme a ser asertiva, a valorar mi tiempo, a priorizar a mi familia en un ambiente de negocios, por mostrarme mi potencial antes de que yo lo viera, y por apoyarme incontables veces a lo largo de los años; eres el mentor más influyente que he tenido. Gracias a Dave Moerlein y Lindsey Schultz, los mejores primeros representantes que alguien puede pedir; ambos me alentaron (¡y modelaron!) en lo que soy buena *y* me apasiona, y me enseñaron a nunca, nunca, conformarme con menos.

Gracias a Margo por enseñarme que llevar paletas en tu bolsa son la llave mágica de la maternidad, y que planear y organizar no es lo que hace de una casa un hogar, pero vaya que ayuda ☺. Gracias a la señora Herbster por mostrarme que crear experiencias maravillosas para los demás empieza con imprimir las cosas en papel fosforescente y ponerlas en protectores de plástico (¡además de un montón de apoyo y amor!), ya lo sabe, pero ¡usted cambió mi vida! Gracias a DECA por enseñarme sobre profesionalismo y etiqueta, y gracias a POB por mostrarme (mucho antes de que les creyera) que el lápiz labial en verdad es el toque final. Mi gratitud eterna para Ester Hicks, mi autora y oradora favorita, la inspiración detrás de mucho de lo que hago y escribo.

Gracias a Michele por ser buena en literalmente todo en lo que una podría necesitar y por usar tantos de sus superpoderes para ayudarme. Es la mejor Tita, amiga, hermana, escritora, cocinera, consejera de campamento, colega, niñera, florista, repostera, *doula* posparto, analista de color, y la lista continúa. También, gracias por editar el libro. Pero no nada más por editarlo, también por aumentar su valor. Viste lo que hice ahí, ¿cierto? Gracias por decirme las verdades del texto que todos los demás también pensaban, pero no me decían. Eres una verdadera coautora y mereces crédito. Y gracias al equipo de los consejos semanales (Jake Gordan y Paul Teresi), por ser el grupo pequeño, pero poderoso que apoya mi *newsletter*.

Gracias a mis padres por criarme con la creencia de que podía hacer lo que quisiera, y por apoyarme durante todo ese trayecto. Gracias, Moom, por pasear a Ford en la carriola para que yo pudiera terminar de escribir. Gracias, Faj, por hacer que nuestra niñez fuera como «Another Day in Paradise» y por decirme que este es el mejor libro que has leído en diez años (es el único libro que has leído en diez años). Gracias a Leigh y a D Sal por siempre creer en mí (como la vez en que por supuesto que me tomé la medicina para la tos y me creyeron). Gracias a Pam y Bob por el apoyo que me brindaron con nuestros hijos y por dejarme escribir la primera parte de este libro en su comedor.

Marie, te agradezco que me enseñaras que la gestión de tiempo antes de los hijos y después de los hijos son bestias COMPLETAMENTE diferentes; volteaste de cabeza nuestros mundos de la mejor manera posible y sigues encendiendo su luz cada día. Gracias, Xavier, por enseñarme cómo es la alegría pura y por pedirme que dejara de cantarte cuando te metía a la cama, lo cual de hecho me ayudó a recordar lo importante que puede ser el silencio. Gracias a Ford por recordarme que ni siquiera los mejores planificadores pueden planear cuándo llegan los bebés; tú y yo hicimos este libro juntos. Ser mamá de ustedes tres es el mejor trabajo que tendré.

Y a mi esposo, Jake, gracias por ser mi fan número uno. Eres un pilar tanto de mi productividad como de mi bienestar. También eres la persona más inteligente que conozco. Gracias por calmarme cuando se me rompió la fuente y el libro no estaba ni cerca de terminarse.

Gracias por hacerte cargo de todo lo que se necesitó para que pudiera concluirlo. Gracias por ser mi primer lector y mi mejor amigo. Me siento afortunada de publicar un libro, pero eso es poco en comparación con lo afortunada que me siento con la hermosa vida que hemos construido juntos.

NOTAS

p. 22 Los resultados de un estudio: Joseph S. Reiff, Hal E. Hershfield y Jordi Quoidbach, «Identity Over Time: Perceived Similarity Between Selves. Predicts Well-Being 10 Years Later», *Social Psychological and Personality Science* 11, núm. 2 (2020): 160-67.

p. 27 Un estudio de 2018 de la Universidad de Ohio: Arkady Konovalov e Ian Krajbich, «Neurocomputational Dynamics of Sequence Learning», *Neuron* 98, núm. 6 (2018): 1282-93.

p. 35 «método Eisenhower»: Equipo de contenido de Mind Tools, «Eisenhower's Urgent/Important Principle: Using Time Effectively, Not Just Efficiently», en <https://www.mindtools.com/al1e0k5/eisenhowers-urgentimportant-principle>.

p. 35 el comentario que en 1954 hizo el presidente Dwight D. Eisenhower: Dwight D. Eisenhower, Discurso en la Segunda Asamblea del Concejo Mundial de Iglesias, Evanston, Illinois, American Presidency Project, <https://www.presidency.ucsb.edu/node/232572>.

p. 60 Un prestigioso estudio: Sarah Gardner and Dave Albee, «Study Focuses on Strategies for Achieving Goals, Resolutions», comunicado de prensa 266, Dominican University of California, febrero de 2015.

p. 61 «te ahorrará hasta dos horas»: Brian Tracy, *Eat That Frog!* (Oakland: Berrett-Koehler, 2017), cap. 2.

p. 70 tu tarea más difícil o importante primero: Tracy, *Eat That Frog!*, en la introducción.

p. 82 un estudio de 2016: David A. Kalmbach *et al.*, «Genetic Basis of Chronotype in Humans: Insights from Three Landmark GWAS», *Sleep* 40 (2017).

p. 86 De acuerdo con una investigación: Mareike B. Wieth y Rose T. Zacks, «Time of Day Effects on Problem Solving: When the Non-Optimal is Optimal», *Thinking and Reasoning* 17, núm. 4 (2011): 387-401.

p. 93 Líderes de negocios, incluyendo: Web Desk, «Find Out the Daily Routines That Drive 40 Successful Business Leaders», Digital Information World, 25 de mayo de 2021, <https://www.digitalinformationworld.com/2021/05/the-work-routines-of-musk-branson-dorsey-37-other-business-leaders.html>.

p. 93 Un estudio publicado en el *Journal of Experimental Psychology*: Joshua S. Rubenstein, David E. Meyer y Jeffrey E. Evans, «Executive Control of Cognitive Processes in Task Switching», *Journal of Experimental Psychology: Human Perception and Performance* 27, núm. 4 (2001): 763-97.

p. 115 Timothy A. Pychyl: Timothy A. Pychl, *Solving the Procrastination Puzzle* (Nueva York: Tarcher/Penguin, 2014).

p. 115 en una tarea hay siete atributos: Chris Bailey, «Here's Why You Procrastinate, and 10 Tactics That Will Help You Stop», entrevista, ChrisBailey.com, 27 de marzo de 2014, <https://

chrisbailey.com/why-you-procrastinate-10-tactics-to-help-you-stop/>.

p. 130 El bebé Montessori: Simone Davies y Junnifa Uzodike, *The Montessori Baby* (Nueva York: Workman, 2021), cap. 5.

p. 131 Una gran cantidad de investigaciones: Shahram Heshmat, PhD, «5 Benefits of Boredom», *Science of Choice* (blog), *Psychology Today*, 4 de abril de 2020, <https://www.psychologytoday.com/us/blog/science-choice/202004/5-benefits-boredom>.

p. 131 Un estudio a doble ciego: Sandi Mann y Rebekah Cadman, «Does Being Bored Make Us More Creative?», *Creativity Research Journal* 26, núm. 2 (2014): 165-73.

p. 149 dos grupos de deportistas de buceo profundo: Jaap M. J. Murre, «The Godden and Baddeley (1975) Experiment on Context-Dependent Memory on Land and Underwater: A Replication», *Royal Society Open Science* 8, núm. 11 (2021).

p. 182 encuesta de 2017 de la *Harvard Business Review*: Leslie A. Perlow, Constance Noonan Hadley, y Eunice Eun, «Stop the Meeting Madness», *Harvard Business Review*, julio-agosto de 2017: 62-69.

p. 182 Un artículo de la *Sloan Management Review*: Steven G. Rogelberg, Cliff Scott y John Kello, «The Science and Fiction of Meetings», *MIT Sloan Management Review*, diciembre de 2007: 18-21.

p. 183 un estudio de 2010: Steven Rogelberg, Joseph Allen, Linda Shanock, Cliff Scott y Marissa Shuffle, «Employee Satisfaction with Meetings: A Contemporary Facet of Job Satisfaction», *Human Resource Management*, marzo de 2010: 149-72.

p. 184 uno de mis libros favoritos sobre productividad: Cameron Herold, *Meetings Suck* (Austin, Texas: Lioncrest, 2016), cap. 5.

p. 189 una vez que tienes a siete personas reunidas: Marcia W. Blenko, Michael C. Mankins y Paul Rogers, *Decide & Deliver* (Boston: Harvard Business Review Press, 2010), cap. 4.

p. 204 La plataforma educativa Brainscape estima: Andrew Cohen, «How Keyboard Shortcuts Could Revive America's Economy», Brainscape, n.d., <https://www.brainscape.com/academy/keyboard-shortcuts-revive-economy/>.

p. 206 estudio de la Universidad Irvine de California: Gloria Mark, Daniela Gudith y Ulrich Klocke, «The Cost of Interrupted Work: More Speed and Stress», *CHI '08: Proceedings of the SIGCHI Conference on Human Factors in Computing Systems*, abril de 2008: 107-10.

p. 209 regla de veinte segundos: Shawn Achor, *The Happiness Advantage* (Nueva York: Crown Business, 2010), Parte dos, Principio #6.

p. 215 La compañía de *software* HubSpot ha publicado indicadores: «Email Marketing: Open Rate Increased by Over a Quarter Compared to March», Netimperative, 13 de mayo de 2020, <https://www.netimperative.com/2020/05/13/email-marketing-open-rate-increased-by-over-a-quarter-compared-to-march/>.

p. 216 alrededor de 11 veces por hora: Gloria Mark, Shamsi T. Iqbal, Mary Czerwinski, Paul Johns, Akane Sano y Yuliya Lutchyn, «Email Duration, Batching and Self-interruption: Patterns of Email Use on Productivity and Stress», en papel, conferencia de CHI, mayo de 2016.

p. 230 Un estudio de IBM: Steve Whittaker, Tara Matthews, Julian Cerruti, Hernan Badenes y John Tang, «Am I Wasting My

Time Organizing Email? A Study of Email Refinding», *CHI '11: Proceedings of the SIGCHI Conference on Human Factors in Computing Systems,* 2011: 3449-58.

p. 237 En 2006, un estudio de la Universidad de Duke: David T. Neal, Wendy Wood y Jeffrey M. Quinn, «Habits—A Repeat Performance», *Current Directions in Psychological Science* 15, núm. 4 (agosto de 2006): 198-202.

p. 240 Un estudio que publicó el *European Journal of Personal Psychology*: Philippa Lally, Cornelia H. M. van Jaarsveld, Henry W. W. Potts, and Jane Wardle, «How Are Habits Formed: Modelling Habit Formation in the Real World», *European Journal of Social Psychology* 40, núm. 6 (julio de 2009): 998-1009.

p. 244 el poder de las marcas temporales: Daniel H. Pink, *When* (Nueva York: Riverhead Books, 2018), parte 2, cap. 3.

p. 246 la doctora Kristen Fuller escribió: Kristen Fuller, MD, «JOMO: The Joy of Missing Out», *Happiness Is a State of Mind* (blog), *Psychology Today,* 26 de julio de 2018, <https://www.psychologytoday.com/us/blog/happiness-is-state-mind/201807/jomo-the-joy-missing-out>.

p. 261 la meditación cotidiana: Matthew Thorpe and Rachael Ajmera, «12 Science-Based Benefits of Meditation», Healthline, 11 de mayo de 2023, <https://www.healthline.com/nutrition/12-benefits-of-meditation>.

p. 264 tan solo seis minutos: Andy Chiles, «Reading Can Help Reduce Stress, According to University of Sussex Research», *The Argus,* 20 de marzo de 2009, <https://www.theargus.co.uk/news/4245076.reading-can-help-reduce-stress-according-to-university-of-sussex-research/>.